학원을 이기는

독학일본어회화 1

지은이 송상엽은 대학에서 일어일문학을 전공하였으며, 강남과 종로 등의 어학원에서 수년간의 일본어 강사 경험을 바탕으로 지금은 일본어 교재 전문기획 프리랜서로 활동하고 있으며 랭컴출판사의 편집위원으로서 일본어 학습서 기획 및 저술 활동에 힘쓰고 있다.

학원을 이기는
독학 일본어회화 1

2024년 4월 20일 개정2판 1쇄 인쇄
2024년 4월 25일 개정2판 1쇄 발행

지은이 송상엽
발행인 손건
편집기획 홍미경, 김상배
마케팅 이언영
디자인 김선옥
제작 최승용
인쇄 선경프린테크

발행처 *LanCom* 랭컴
주소 서울시 영등포구 영신로34길 19
등록번호 제 312-2006-00060호
전화 02) 2636-0895
팩스 02) 2636-0896
홈페이지 www.lancom.co.kr
이메일 elancom@naver.com

ⓒ 랭컴 2024
ISBN 979-11-7142-043-8 13730

기본회화부터 일상회화까지 바로 통하는 일본어회화 단숨에 떼기

학원을 이기는
독학
일본어
회화

송상엽 지음

1

독하게 배워서
독하게 써먹자!

LanCom
Language & Communication

Preface

대부분의 사람들이 일본어를 제대로 배우기도 전에 일본어는 어렵다는 편견으로 쉽게 포기하는 경우가 많습니다. 하지만 어느 나라 말이든 말을 배운다는 것은 생각만큼 그렇게 어려운 일이 아닙니다. 우리가 어릴 때 우리말을 배우면서 특별히 어렵다고 느끼지 않았던 것처럼 일본어도 마찬가지입니다. 다만 일본어가 어렵다고 느끼는 것은 익숙하지 않기 때문입니다. 중요한 것은 그 말에 관심을 갖고 들어보고 직접 말해 보는 것입니다.

〈학원을 이기는 독학 일본어회화 1〉은 일본어에 관심은 있지만 일본어가 어렵다고 느끼거나 회화에 자신이 없어 일본인과의 대화를 망설이시는 분이나 일본어회화를 처음 시작하는 분들을 위해 발음과 회화를 접목시킨 진정한 혼자 배울 수 있는 일본어회화 책입니다.

Part 1. 기본회화

일본어회화를 본격적으로 공부하기 전에 반드시 알아두어야 할 기본적인 회화 표현을 수록하였습니다. 실제 대화에서는 말하는 상황이나 전후 관계에 따라 구어적인 어법이나 관습적인 표현이 필요한데 이와 같은 표현을 함께 수록해서 실제 대화에 도움이 될 수 있도록 하였으며, 간편한 예문과 짧은 해설을 두어 일본어에 대한 기초가 부족한 분들도 쉽게 회화에 접근할 수 있도록 구성하였습니다.

Part 2. 일상회화

일본인들이 일상생활에서 가장 많이 사용하는 일상회화 표현 73가지를 필자의 경험을 토대로 엮었습니다. 우리에게는 일본어가 모국어가 아니기 때문에 때로는 더듬거리는 것이 당연합니다. 우리말로 유창하게 길게 물어보는 외국인보다는 더듬더듬 애써가면서 물어보는 외국인에게 더 친절해지는 것은 우리뿐만 아니라 외국인들도 갖고 있는 인지상정입니다. 따라서 일본어 학습자들은 여기 일상회화 73가지 표현만 제대로 마스터 한다면 일본인과의 간단한 회화 정도는 무난하리라 봅니다.

이 교재의 음성파일은 랭컴출판사 홈페이지(www.lancom.co.kr)에서 무료로 다운받을 수 있으며 교재의 내용을 반복 학습할 수 있도록 구성하였습니다. 이 책으로 정확한 발음과 회화 표현을 차근차근 반복 연습하십시오. 독자 여러분의 일본어회화 실력을 한 단계 업그레이드시키는 데 많은 도움이 되리라 확신합니다.

2024. 4
저자 씀

Contents

Part 1

기본회화

차례

Part **2**

일상회화

Contents

차례

일본어 문자와 발음

일본어 문자는 특이하게 한자(**漢字**), 히라가나(**ひらがな**), 가타카나(**カタカナ**)를 병용해서 사용합니다. **ひらがな**는 한자의 일부분을 따거나 획을 간단히 하여 만들어진 문자로 지금은 문장을 표기할 때 일반적으로 가장 많이 쓰이는 문자입니다. **カタカナ**는 한자의 일부분을 따거나 획을 간단히 한 문자로 지금은 외래어, 전보문, 의성어 등, 어려운 한자로 표기해야 할 동식물의 명칭이나 문장에서 특별히 강조할 때도 사용합니다.

1. 청음 清音 せいおん

일본어에서 청음(清音)이란 맑은 소리를 말하며 모음, 반모음, 자음이 있습니다.

1. 모음 母音/ぼいん

あ ア	い イ	う ウ	え エ	お オ

2. 반모음 半母音/はんぼいん

や ヤ		ゆ ユ		よ ヨ
わ ワ				を ヲ

3. 자음 子音/しいん

か カ	き キ	く ク	け ケ	こ コ
さ サ	し シ	す ス	せ セ	そ ソ
た タ	ち チ	つ ツ	て テ	と ト
な ナ	に ニ	ぬ ヌ	ね ネ	の ノ
は ハ	ひ ヒ	ふ フ	へ ヘ	ほ ホ
ま マ	み ミ	む ム	め メ	も モ
ら ラ	り リ	る ル	れ レ	ろ ロ

あ行은 우리말의 「아·이·우·에·오」와 발음이 같다. 단, **う**는 「우」와 「으」의 중간음으로 입술을 내밀지도 당기지도 않는 자연스런 상태에서 발음합니다.

あ	い	う	え	お
ア	イ	ウ	エ	オ
아[a]	이[i]	우[u]	에[e]	오[o]

か行은 단어의 첫머리에 올 때는 입천장에서 나오는 강한 「가·기·구·게·고」와 비슷하며, 단어의 중간이나 끝에 올 때는 「까·끼·꾸·께·꼬」로 발음합니다.

か	き	く	け	こ
カ	キ	ク	ケ	コ
카[ka]	키[ki]	쿠[ku]	게[ke]	코[ko]

さ行은 우리말의 「사·시·스·세·소」와 발음이 같습니다. 단, **す**는 「수」와 「스」의 중간음으로 입술을 내밀지도 당기지도 않는 자연스런 상태에서 발음합니다.

さ	し	す	せ	そ
サ	シ	ス	セ	ソ
사[sa]	시[shi]	스[su]	세[se]	소[so]

た行의 **た·て·と**는 단어의 첫머리에 올 때는 「다·데·도」로 발음하고, 중간이나 끝에 올 때는 「따·떼·또」로 발음합니다. **ち·つ**는 「찌·쯔」와 「치·츠」의 중간음으로 「찌·쓰」에 가깝게 발음합니다.

た	ち	つ	て	と
タ	チ	ツ	テ	ト
타[ta]	치[chi]	츠[tsu]	테[te]	토[to]

な行은 우리말의 「나·니·누·네·노」와 발음이 같습니다.

な	に	ぬ	ね	の
ナ	ニ	ヌ	ネ	ノ
나[na]	니[ni]	누[nu]]	네[ne]	노[no]

は行은 우리말의 「하・히・후・헤・호」와 발음이 같다. 단 **ふ**는 「후」와 「흐」의 중간음으로 입술을 내밀지도 당기지도 않는 자연스런 상태에서 발음합니다.

は	ひ	ふ	へ	ほ
ハ	ヒ	フ	ヘ	ホ
하[ha]	히[hi]	후[fu]	헤[he]	호[ho]

ま행은 우리말의 「마・미・무・메・모」와 발음이 같습니다.

ま	み	む	め	も
マ	ミ	ム	メ	モ
마[ma]	미[mi]	무[mu]	메[me]	모[mo]

や행은 우리말의 「야・유・요」와 발음이 같고 반모음으로 쓰입니다.

や		ゆ		よ
ヤ		ユ		ヨ
야[ya]		유[yu]		요[yo]

ら행은 우리말의 「라・리・루・레・로」와 발음이 같습니다.

ら	り	る	れ	ろ
ラ	リ	ル	レ	ロ
라[ra]	리[ri]	루[ru]	레[re]	로[ro]

わ행의 **わ・を**는 우리말의 「와・오」와 발음이 같습니다. 단, **を**는 **あ**행의 **お**와 발음이 같지만 단어에는 쓰이지 않고 조사 「~을(를)」의 뜻으로만 쓰입니다. **ん**은 **はねる音**을 참조할 것.

わ		ん		を
ワ		ン		ヲ
와[wa]		응[n,m,ng]		오[o]

2. 탁음 濁音 だくおん

탁음이란 **か·さ·た·は(カ·サ·タ·ハ)**행의 글자 오른쪽 윗부분에 탁점(゛)을 붙인 음을 말합니다. **だ**행의 **ぢ·づ**는 **ざ**행의 **じ·ず**와 발음이 동일하여 현대어에서는 특별한 경우, 즉 연탁이 되는 경우 이외는 별로 쓰이지 않습니다.

が ガ	ぎ ギ	ぐ グ	げ ゲ	ご ゴ
가[ga]	기[gi]	구[gu]	게[ge]	고[go]
ざ ザ	じ ジ	ず ズ	ぜ ゼ	ぞ ゾ
자[za]	지[ji]	즈[zu]	제[ze]	조[zo]
だ ダ	ぢ ヂ	づ ヅ	で デ	ど ド
다[da]	지[ji]	즈[zu]	데[de]	도[do]
ば バ	び ビ	ぶ ブ	べ ベ	ぼ ボ
바[ba]	비[bi]	부[bu]	베[be]	보[bo]

3. 반탁음 半濁音 はんだくおん

반탁음은 **は**행의 오른쪽 윗부분에 반탁점(゜)을 붙인 것을 말합니다. 반탁음은 우리말의 「ㅍ」과 「ㅃ」의 중간음으로 단어의 첫머리에 올 경우에는 「ㅍ」에 가깝게 발음하고, 단어의 중간이나 끝에 올 때는 「ㅃ」에 가깝게 발음합니다.

ぱ パ	ぴ ピ	ぷ プ	ぺ ペ	ぽ ポ
파[pa]	피[pi]	푸[pu]	페[pe]	포[po]

4. 요음 拗音 ようおん

요음이란 **い**단 글자 중 자음 **き·し·ち·に·ひ·み·り·ぎ·じ·び·ぴ**에 작은 글자 **や·ゆ·よ**를 붙인 음을 말합니다. 따라서 **や·ゆ·よ**는 우리말의「ㅑ·ㅠ·ㅛ」같은 역할을 합니다.

きゃ	しゃ	ちゃ	にゃ	ひゃ	みゃ	りゃ	ぎゃ	じゃ	びゃ	ぴゃ
キャ	シャ	チャ	ニャ	ヒャ	ミャ	リャ	ギャ	ジャ	ビャ	ピャ
캬	샤	챠	냐	햐	먀	랴	갸	쟈	뱌	퍄

きゅ	しゅ	ちゅ	にゅ	ひゅ	みゅ	りゅ	ぎゅ	じゅ	びゅ	ぴゅ
キュ	シュ	チュ	ニュ	ヒュ	ミュ	リュ	ギュ	ジュ	ビュ	ピュ
큐	슈	츄	뉴	휴	뮤	류	규	쥬	뷰	퓨

きょ	しょ	ちょ	にょ	ひょ	みょ	りょ	ぎょ	じょ	びょ	ぴょ
キョ	ショ	チョ	ニョ	ヒョ	ミョ	リョ	ギョ	ジョ	ビョ	ピョ
쿄	쇼	쵸	뇨	효	묘	료	교	죠	뵤	표

5. 발음 撥音 はつおん

발음인 **ん**은 단어의 첫머리에 올 수 없으며, 항상 다른 글자 뒤에 쓰여 우리말의 받침과 같은 구실을 합니다. 또한 **ん** 다음에 오는 글자의 영향에 따라「ㄴ · ㅁ · ㅇ」으로 소리가 납니다. (이것은 발음의 편의를 위한 자연스런 변화이므로 특별히 신경 쓰지 않아도 됩니다.)

♣ 「ㄴ(n)」으로 발음하는 경우
さ · ざ · た · だ · な · ら행의 글자 앞에서는「ㄴ」으로 발음합니다.

かんし	なんじ	はんたい	こんにち
칸시	난지	한따이	곤니찌

♣ 「ㅁ(m)」으로 발음하는 경우
ば · ぱ · ま행의 글자 앞에서는「ㅁ」으로 발음합니다.

あんま	けんぶつ	てんぷら	きんむ
암마	켐부쯔	템뿌라	킴무

♣ 「ㅇ(ng)」으로 발음하는 경우
あ · か · が · や · わ행의 글자 앞에서는「ㅇ」으로 발음합니다. 또한, 단어의 끝에서도「ㅇ」으로 발음합니다.

れんあい	えんき	ほんや	にほん
렝아이	엥끼	홍야	니홍

6. 촉음 促音 そくおん

촉음이란 막힌 소리의 하나로 우리말의 받침과 같은 역할을 하는 것을 말합니다. つ를 작은 글자 っ로 표기하여 다른 글자 밑에서 받침으로만 쓰입니다. 이 촉음은 하나의 음절을 갖고 있으며, 뒤에 오는 글자의 영향에 따라「ㄱ·ㅅ·ㄷ·ㅂ」으로 발음합니다.

♣「ㄱ(k)」으로 발음하는 경우

か행의 글자 앞에서는「ㄱ」으로 발음합니다.

けっか	そっくり	ひっこし	にっき
겍까	속꾸리	힉꼬시	닉끼

♣「ㅅ(s)」으로 발음하는 경우

さ행의 글자 앞에서는「ㅅ」으로 발음합니다.

ざっし	ぐっすり	さっそく	ほっさ
잣시	굿스리	삿소꾸	홋사

♣「ㄷ(t)」으로 발음하는 경우

た행의 글자 앞에서는「ㄷ」으로 발음합니다.

こっち	きって	おっと	むっつ
곧찌	긷떼	옫또	묻쯔

☞ 본문에서는「ㄷ」으로 나는 발음은 편의상「ㅅ」으로 표기하였습니다.

♣「ㅂ(p)」으로 발음하는 경우

ぱ행의 글자 앞에서는「ㅂ」으로 발음합니다.

いっぱい	きっぷ	しっぽ	ほっぺた
입빠이	킵뿌	십뽀	홉뻬따

7. 장음 長音 ちょうおん

장음이란 같은 모음이 중복될 때 앞의 발음을 길게 발음하는 것을 말합니다. 우리말에서는 장음의 구별이 어렵지만 일본어에서는 이것을 확실히 구분하여 씁니다. 음의 장단에 따라 그 의미가 달라지는 경우가 있으므로 주의해야 합니다. 또, **カタカナ**에서는 장음부호를 「ー」로 표기합니다. 이 책의 우리말 장음 표기에서도 편의상 「ー」로 처리하였습니다.

あ단 글자 다음에 모음 **あ**가 이어질 때

おばあさん	おかあさん	ばあい
오바ー상	오까ー상	바ー이

い단 글자 다음에 모음 **い**가 이어질 때

おじいさん	おにいさん	きいろい
오지ー상	오니ー상	기ー로이

う단 글자 다음에 모음 **う**가 이어질 때

しゅうい	くうき	ふうふ
슈ー이	쿠ー끼	후ー후

え단 글자 다음에 모음 **え**나 **い**가 이어질 때

おねえさん	えいが	けいざい
오네ー상	에ー가	케ー자이

お단 글자 다음에 모음 **お**나 **う**가 이어질 때

おとうさん	こおり	とおい
오또ー상	코ー리	토ー이

でいただいて、こちらこそ楽しかったです。
ちらへはどうやって行くのですか。またあ
来てもらえますか。ここの自慢料理は何で
か。地元の人がよく行くレストランはありま

Part

1

どこですか。何に興味をお持ちですか。ジ
一は何時間かかりますか。料金はいくらで
か。入場は有料ですか。たくさん取ってくだ
いね。無料のパンフレットはありますか。こ

기본회화

えてください。これはどういう料理ですか。
ぐできますか。静かな奥の席にお願いしま

일상의 인사 표현

STEP 1 날마다 쓰는 베스트 기본문장 따라 읽기

입에
착착!

001. **안녕하세요? (아침인사)** ☐ ☐ ☐

おはようございます。

오하요- 고자이마스

---

002. **안녕하세요? (낮인사)** ☐ ☐ ☐

こんにちは。

곤니찌와

---

003. **안녕하세요? (밤인사)** ☐ ☐ ☐

こんばんは。

곰방와

---

004. **안녕히 주무세요.** ☐ ☐ ☐

おやすみなさい。

오야스미나사이

---

005. **잘 지내십니까?** ☐ ☐ ☐

お元気ですか。

오겡끼데스까

---

006. **어디에 가십니까?** ☐ ☐ ☐

どちらにお出かけですか。

도찌라니 오데카께데스까

STEP 2 이것만은 꼭 알아두세요.

♣ 일본어 인사말은 영어처럼 아침, 낮, 저녁으로 구분하여 사용한다.

아침에 일어나서 점심때까지는 おはようございます(오하요- 고자이마스)라고 하며, 친구나 아랫사람이라면 おはよう(오하요-)라고 해도 됩니다. 또, 낮부터 저녁때까지는 こんにちは(곤니찌와)라고 하며, 해가 지고 어두워지면 こんばんは(곰방와), 그리고 잠을 자기 전에, 또는 늦은 밤에 헤어지면서 하는 인사로는 おやすみなさい(오야스미나사이/안녕히 주무세요)라고 합니다. 또, 오랜만에 만났을 때나 상대방의 건강을 물을 때는 お元気ですか(오겡끼데스까/안녕하세요?)라고 합니다. 이에 대한 응답으로는 おかげさまで元気です(오까게사마데 겡끼데스/덕분에 잘 지냅니다)라고 하면 됩니다.

STEP 3 실전대화를 해보세요.

A : やあ、木村! 何か変わったことない?
야-, 기무라! 나니까 가왓따 고또 나이

B : 別に…。 きみはどう?
베쯔니. 기미와 도-

A : 잘 지내고 있어.
겡끼데 얏떼루요

A : 야, 기무라! 무슨 별다른 일 없니?
B : 별로…. 너는 어때?
A : 元気でやってるよ。

STEP 4 직접 쓰고 읽어보세요.

잘 지내십니까?

➡

소개를 받을 때

STEP 1	날마다 쓰는 베스트 기본문장 따라 읽기

007. **이쪽은 다나카 씨입니다.** ☐ ☐ ☐

こちらは田中さんです。

고찌라와 다나까산데스

---

008. **처음 뵙겠습니다.** ☐ ☐ ☐

はじめまして。

하지메마시떼

---

009. **기무라입니다. 잘 부탁드립니다.** ☐ ☐ ☐

木村です。どうぞよろしく。

기무라데스. 도-조 요로시꾸

---

010. **처음 뵙겠습니다. 홍길동라고 합니다.** ☐ ☐ ☐

はじめまして。洪吉童と申します。

하지메마시떼. 홍길동또 모-시마스

---

011. **저야말로 잘 부탁드립니다.** ☐ ☐ ☐

こちらこそ、どうぞよろしく。

고찌라꼬소, 도-조 요로시꾸

---

012. **만나서 반갑습니다.** ☐ ☐ ☐

お会いできてうれしいです。

오아이데끼떼 우레시-데스

20

STEP 2 이것만은 꼭 알아두세요.

♣ はじめまして

처음 만났을 때 인사로 쓰이는 はじめまして(하지메마시떼)는 はじめてお目にかかります(하지메떼 오메니가까리마스/처음 뵙겠습니다)를 간단하게 줄여서 표현한 것으로 인사말로 굳어진 관용 표현입니다.

♣ 악수

악수는 상대와의 친밀감을 나타내는 표현의 하나입니다. 여성은 자신이 악수를 해도 괜찮다고 판단이 되었을 때 손을 내밀어 상대에게 악수를 청하고, 남자끼리라면 손에 약간 힘을 주어 악수를 합니다. 또, 악수를 할 때는 허리를 곧게 펴고 상대의 눈을 바로 쳐다보고 악수를 하도록 합시다.

STEP 3 실전대화를 해보세요.

A : 金さん、 こちらは田中さんです。
김상, 고찌라와 다나까산데스

B : はじめまして。 田中です。 どうぞよろしく。
하지메마시떼. 다나까데스. 도-조 요로시꾸

C : **만나서 반갑습니다.** 洪吉童です。
오아이데끼떼 우레시-데스. 홍길동데스

A : 김씨, 이쪽은 다나카 씨입니다.

B : 처음 뵙겠습니다. 다나카입니다. 잘 부탁드립니다.

C : お会いできてうれしいです。 홍길동입니다.

STEP 4 직접 쓰고 읽어보세요.

저야말로 잘 부탁드립니다.

➡

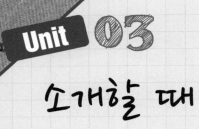

소개할 때

| STEP 1 | 날마다 쓰는 베스트 기본문장 따라 읽기 | 입에 착착! |

013. **김씨를 소개해드리겠습니다.**

金さんをご紹介します。

김상오 고쇼-까이시마스

014. **이쪽은 친구인 기무라입니다.**

こちらは友だちの木村です。

고찌라와 도모다찌노 기무라데스

015. **요시무라 씨를 뵙고 싶은데요.**

吉村さんに会っていただきたいのですが。

요시무라산니 앗떼 이따다끼따이노데스가

016. **김씨는 출판사에 근무하고 있습니다.**

金さんは出版社に勤めています。

김상와 슙빤샤니 쓰또메떼 이마스

017. **제 상사인 다나카 씨를 소개해 드리겠습니다.**

うちの上司の田中をご紹介いたします。

우찌노 죠-시노 다나까오 고쇼-까이이따시마스

018. **이분은 서울에서 온 김입니다.**

こちらはソウルから来た金です。

고찌라와 소우루까라 기따 김데스

STEP 2 이것만은 꼭 알아두세요.

♣ どうぞよろしく

どうぞよろしく(도조- 요로시꾸/부디 잘)는 お願いします(오네가이시마스/부탁합니다)를 줄여서 표현한 것으로 상대에게 특별히 뭔가를 부탁할 때도 쓰이지만, 단순히 인사치레의 말로 쓰일 때가 많습니다.

♣ 소개의 순서

상대에게 자신 쪽의 사람을 소개할 때는 원칙적으로 남자를 여자에게 먼저 소개하고, 동성일 경우에는 아랫사람을 윗사람에게 먼저 소개를 합니다.
또한, 소개받는 사람에 대해서 그 사람에 대해서 간단하게 설명을 덧붙이는 것도 친절한 배려의 하나입니다.

STEP 3 실전대화를 해보세요.

A : わたしの友達を紹介したいのですが。
와따시노 도모다찌오 쇼-까이시따이노데스가

B : どうぞ、 소개해 주세요.
도-조, 쇼-까이시떼 구다사이

A : こちらはソウルから来た金君です。
고찌라와 소우루까라 기따 김꾼데스

A : 제 친구를 소개하고 싶은데요.
B : 자, 紹介してください。
A : 이쪽은 서울에서 온 김군입니다.

STEP 4 직접 쓰고 읽어보세요.

제 상사인 다나카 씨를 소개해 드리겠습니다.

➡

자기소개할 때

| STEP 1 | 날마다 쓰는 베스트 기본문장 따라 읽기 | 입에 착착! |

019. **미안합니다. 잠깐 말씀드려도 되겠습니까?** ☐ ☐ ☐

すみません。ちょっとお話^{はなし}をしてもいいですか。

스미마셍. 촛또 오하나시오 시떼모 이-데스까

020. **제 소개를 해도 괜찮겠습니까?** ☐ ☐ ☐

自己紹介^{じ こ しょうかい}してもよろしいですか。

지꼬쇼-까이시떼모 요로시-데스까

021. **제 소개를 하겠습니다.** ☐ ☐ ☐

自己紹介^{じ こ しょうかい}させていただきます。

지꼬쇼-까이사세떼 이따다끼마스

022. **저는 한국에서 온 홍길동입니다.** ☐ ☐ ☐

わたしは韓国^{かんこく}から来^きた洪吉童^{ホンギルドン}です。

와따시와 캉꼬꾸까라 기따 홍기루동데스

023. **저는 회사원입니다.** ☐ ☐ ☐

わたしは会社員^{かいしゃいん}です。

와따시와 카이샤인데스

024. **저는 무역회사에서 영업을 하고 있습니다.** ☐ ☐ ☐

わたしは貿易会社^{ぼうえきがいしゃ}で営業^{えいぎょう}をしております。

와따시와 보-에끼가이샤데 에-교-오 시떼 오리마스

24

STEP 2 이것만은 꼭 알아두세요.

♣ 처음 만난 일본인에게 묻는 말

말이 잘 통하지 않고 서로 다른 문화에서 살아온 외국인을 만난다는 것은 두렵기도 하고 한편으로는 가슴 설레는 일이기도 합니다. 자기소개가 끝나고 한국에 대한 소감이나 여행에 대해 묻는 표현을 보면 다음과 같습니다.

韓国はどうですか。(캉코꾸와 도-데스까/한국은 어때요?)
仕事で来ているのですか。(시고또데 기떼이루노데스까/일로 와 있습니까?)
お仕事は何ですか。(오시고또와 난데스까/어떤 일을 하십니까?)

STEP 3 실전대화를 해보세요.

A : **어디에서 왔습니까?**
    도꼬까라 기마시다까

B : **韓国です。**
    캉코꾸데스

A : **韓国のどこから来たのですか。**
    캉코꾸노 도꼬까라 기따노데스까

A : どこから来ましたか。
B : 한국입니다.
A : 한국 어디에서 왔습니까?

STEP 4 직접 쓰고 읽어보세요.

제 소개를 하겠습니다.

➡

가족소개와 이름을 물을 때

STEP 1 날마다 쓰는 베스트 기본문장 따라 읽기

입에 착착!

---

025. **이 사람이 아내입니다.**

これが家内（かない）です。

고레가 가나이데스

---

026. **형입니다. 지금 은행에서 일하고 있습니다.**

兄（あに）です。いま銀行（ぎんこう）で働（はたら）いています。

아니데스. 이마 깅꼬ー데 하따라이떼 이마스

---

027. **이쪽은 남편입니다. 지금 장사를 하고 있습니다.**

こちらは主人（しゅじん）です。いま、商売（しょうばい）をしております。

고찌라와 슈진데스. 이마, 쇼ー바이오 시떼 오리마스

---

028. **당신이 기무라 씨입니까?**

あなたが木村（きむら）さんですか。

아나따가 기무라산데스까

---

029. **성함을 여쭤도 되겠습니까?**

お名前（なまえ）を聞（き）いてもいいですか。

오나마에오 기이떼모 이ー데스까

---

030. **다시 한 번 이름을 가르쳐 주시겠습니까?**

もう一度（いちど）、名前（なまえ）を教（おし）えていただけますか。

모ー 이찌도, 나마에오 오시에떼 이따다께마스까

STEP 2 이것만은 꼭 알아두세요.

♣ 주고받는 동사

あげる(아게루)는 대등하거나 손윗사람에 「주다, 드리다」라는 뜻을 나타내는 동사
로 더욱 정중한 말은 さしあげる(사시아게루/드리다)입니다. 또한 아랫사람이나
동식물에게 「주다」라고 할 때는 やる(야루)를 사용합니다.
くださる(구다사루)는 물건을 주는 상대방이 자기보다 윗사람인 경우에 쓰이는 수
수동사로 くれる(구레루)의 존경어로 우리말의 「주시다」에 해당합니다.
いただく(이따다꾸)는 もらう(모라우)의 겸양어로 우리말의 「받다」로밖에 해석할 수
없지만 물건을 주는 쪽이 받는 쪽보다 윗사람인 경우에 씁니다.

STEP 3 실전대화를 해보세요.

A : **이건 제 명함입니다.**
고레와 와따시노 메－시데스

B : ありがとうございます。
아리가또－ 고자이마스

A : あなたの名刺をいただけますか。
아나따노 메－시오 이따다께마스까

A : これはわたしの名刺です。
B : 감사합니다.
A : 당신의 명함을 주시겠어요?

STEP 4 직접 쓰고 읽어보세요.

성함을 여쭤도 되겠습니까?

➡

오랜만에 만났을 때

STEP 1　날마다 쓰는 베스트 기본문장 따라 읽기

입에
착착!

031.　**별고 없으셨습니까?**　☐ ☐ ☐

おかわりありませんでしたか。

오까와리 아리마센데시다까

032.　**잘 지냈습니다. 당신은 어땠습니까?**　☐ ☐ ☐

元気_{げんき}でした。あなたはどうでしたか。

元気でした。あなたはどうでしたか。

겡끼데시다. 아나따와 도-데시다까

033.　**오랜만이군요.**　☐ ☐ ☐

しばらくですね。

시바라꾸데스네

034.　**오랫동안 뵙지 못했습니다.**　☐ ☐ ☐

長_{なが}いあいだ、ごぶさたしました。

나가이 아이다, 고부사따시마시다

035.　**오랜만이군요.**　☐ ☐ ☐

おひさしぶりですね。

오히사시부리데스네

036.　**오랫동안 뵙지 못했습니다.**　☐ ☐ ☐

長_{なが}いこと、お会_あいしませんでしたね。

나가이 고또, 오아이시마센데시따네

STEP 2　이것만은 꼭 알아두세요.

♣ しばらく / ひさしぶり

しばらく(시바라꾸)는 「잠시, 잠깐」의 뜻과 「얼마 동안, 한참 동안」을 뜻하는 부사어로, 정중하게 표현할 때는 しばらくですね(시바라꾸데스네)라고 하면 됩니다.
ひさしぶり(히사시부리)도 しばらく(시바라꾸)와 마찬가지로 오랜만에 만났을 때 쓰이는 인사말로 しばらく(시바라꾸)보다는 다소 오랫동안 만나지 못했을 때 쓰이는 인사 표현입니다.

STEP 3　실전대화를 해보세요.

A : やあ、 오랫동안 만나지 못했군요. お元気でしたか。
야ー, 나가이 고또 아이마센데시따네. 오겡끼데시다까

B : ずっと忙しかったんです。
즛또 이소가시깟딴데스

A : そうでしたか。
소ー데시다까

A : 야, 長いこと会いませんでしたね。　잘 지내셨습니까?
B : 계속 바빴습니다.
A : 그랬습니까?

STEP 4　직접 쓰고 읽어보세요.

별고 없으셨습니까?

➡ ～～～～～～～～～～～～～～～～～～～～～～～～～～～～～～

헤어질 때의 인사

STEP 1 날마다 쓰는 베스트 기본문장 따라 읽기

입에 착착!

---

037. **안녕히 가세요(계세요).** □ □ □

さようなら。

사요-나라

---

038. **내일 또 봐요.** □ □ □

またあしたね。

마따 아시따네

---

039. **안녕히 가세요. 또 만납시다.** □ □ □

さようなら。また会いましょう。

사요-나라. 마따 아이마쇼-

---

040. **그럼, 나중에 봐요.** □ □ □

じゃ、あとで。

쟈, 아또데

---

041. **안녕히 가십시오.** □ □ □

ごきげんよう。

고끼겡요-

---

042. **조심해서 가요.** □ □ □

気をつけてね。

기오 쓰께떼네

STEP 2 이것만은 꼭 알아두세요.

♣ じゃ、またあした

じゃ，またあした(쟈, 마따 아시따/그럼, 또 내일)는 뒤에 会いましょう(아이마쇼-/만납시다)를 줄여서 표현한 것으로, 학교나 직장 등에서 매일 만나는 사람과 헤어질 때 간단하게 쓰이는 작별인사의 표현입니다.

♣ さようなら

さようなら(사요-나라)는 본래 それでは(소레데와)의 옛말로, 현대어서는 헤어질 때 쓰이는 인사말로 굳어진 형태입니다. 따라서 이것은 매일 만나는 사람과는 쓰지 않고, 줄여서 さよなら(사요나라)라고도 합니다.

STEP 3 실전대화를 해보세요.

A : 見送りに来てくれて、ありがとう。
미오꾸리니 기떼 구레떼, 아리가또-

B : さようなら。ご家族の皆さまにもよろしく。
사요-나라. 고카조꾸노 미나사마니모 요로시꾸

A : じゃ、안녕히 계세요.
쟈, 겡끼데 사요-나라

A : 배웅 나와 줘서 고마워요.

B : 잘 가세요. 가족 모두에게도 안부 전해 주세요.

A : 그럼, 元気でさようなら。

STEP 4 직접 쓰고 읽어보세요.

안녕히 가세요. 또 만납시다.

➡

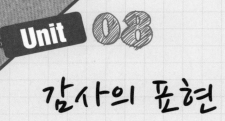

감사의 표현

STEP 1 날마다 쓰는 베스트 기본문장 따라 읽기

임에 착착!

043. **고맙습니다.**

ありがとうございます。

아리가또— 고자이마스

---

044. **여러모로 고마웠습니다.**

いろいろありがとうございました。

이로이로 아리가또— 고자이마시다

---

045. **무척 도움이 되었습니다.**

ほんとうにたすかりました。

혼또—니 다스까리마시다

---

046. **늘 감사하고 있습니다.**

いつも感謝しています。

이쓰모 칸샤시떼 이마스

---

047. **진심으로 감사를 드립니다.**

こころからお礼をもうします。

고꼬로까라 오레—오 모—시마스

---

048. **천만에요.**

どういたしまして。

도—이따시마시떼

STEP 2　이것만은 꼭 알아두세요.

♣ **ありがとう**

ありがとうございます(아리가또ー 고자이마스)는 정중하게 상대의 행위에 대한 고마움을 나타낼 때 쓰이는 감사 표현으로 우리말의 「고맙습니다, 감사합니다」에 해당하며, 친근한 사이나 아랫사람에게 가볍게 고마움을 나타낼 때는 ございます를 생략하여 ありがとう(아리가또ー)만으로 씁니다.

상대에게 감사의 내용을 전할 경우에는 〜てありがとう(〜떼 아리가또ー/〜해서 고마워요)라는 표현을 많이 씁니다.

STEP 3　실전대화를 해보세요.

A :　**친절을 베풀어 주셔서 고마웠습니다.**
고신세쯔니 아리가또ー 고자이마시다

B :　お役に立てて、 うれしいです。
오야꾸니 다테떼, 우레시ー데스

A :　ほんとうに感謝しています。
혼또ー니 칸샤시떼 이마스

A :　ご親切に、 ありがとうございました。
B :　도움이 되어서 기쁩니다.
A :　정말로 감사드립니다.

STEP 4　직접 쓰고 읽어보세요.

천만에요.

➡

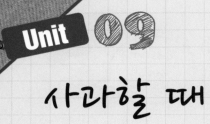
사과할 때

049. **미안합니다.**

すみません。

스미마셍

050. **죄송합니다.**

ごめんなさい。

고멘나사이

051. **제가 잘못했습니다.**

わたしが悪かったんです。
　　　　わる

와따시가 와루캇딴데스

052. **실례했습니다.**

失礼いたしました。
しつれい

시쯔레-이따시마시다

053. **죄송합니다.**

申しわけありません。
もう

모-시와께 아리마셍

054. **부디 용서해 주십시오.**

どうぞお許しください。
　　　　ゆる

도-조 오유루시 구다사이

STEP 2　이것만은 꼭 알아두세요.

♣ すみません
すみません(스미마셍)은 자신의 잘못이나 실수를 가볍게 사과를 할 때 쓰이는 인사 표현으로, 줄여서 すいません(스이마셍)이라고도 합니다. 이에 대한 응답 표현은 보통 いいですよ(이-데스요/괜찮아요)라고 합니다.

♣ ごめんなさい
ごめんなさい(고멘나사이)도 すみません(스미마셍)과 같은 뜻으로 사과를 할 때도 쓰이며, 「실례합니다」의 뜻으로 방문할 때도 쓰입니다. 정중하게 말할 때는 ごめんください(고멩구다사이)라고 합니다.

STEP 3　실전대화를 해보세요.

A : あっ、 ごめんなさい。 大丈夫ですか。
　　앗, 고멘나사이. 다이죠-부데스까

B : ええ、 わたしは大丈夫です。
　　에-, 와따시와 다이죠-부데스

A : **정말로 죄송합니다.**
　　혼또-니 고멘나사이

A : 앗, 미안해요. 괜찮습니까?

B : 예, 저는 괜찮습니다.

A : ほんとうにごめんなさい。

STEP 4　직접 쓰고 읽어보세요.

실례했습니다.

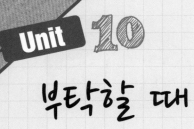

학습일

STEP 1 날마다 쓰는 베스트 기본문장 따라 읽기

입에
착착!

055. **부탁드리고 싶은 게 있습니다만….**

お願いしたいことがあるんですが…。

오네가이시따이 고또가 아룬데스가

056. **그걸 해 주시겠습니까?**

それをやっていただけますか。

소레오 얏떼 이따다께마스까

057. **미안합니다. 좀 여쭙겠습니다.**

すみません。ちょっとおたずねします。

스미마셍. 촛또 오따즈네시마스

058. **제발 도와 주세요.**

どうぞ助けてください。

도−조 다스께떼 구다사이

059. **이걸 좀 부탁드립니다.**

これをちょっとお願いします。

고레오 촛또 오네가이시마스

060. **친구를 데리고 가도 됩니까?**

友だちをつれて行ってもいいですか。

도모다찌오 쓰레떼 잇떼모 이−데스까

STEP 2   이것만은 꼭 알아두세요.

♣ お願いします

お願いします(오네가이시마스)는 상대방의 요구나 의뢰를 할 때 쓰이는 표현으로 상대에게 그렇게 해주기를 바랄 때 쓰입니다.

♣ ～てください

～てください(～떼 구다사이)는 「～해 주세요」라는 뜻으로 동작이나 작용의 요구·의뢰를 나타냅니다. 이 표현은 직접적인 명령의 느낌을 주므로 정중하게 부탁할 때는 약간 거북스런 느낌을 주기도 합니다. 또한 なさい(나사이)는 어린애나 친한 손아랫사람에게 쓰입니다. 우리말의 「～하거라」에 해당하며, 앞에 존경의 접두어 お(오)를 붙여 쓰기도 합니다.

STEP 3   실전대화를 해보세요.

A : **좀 부탁드리고 싶은데요….**
　　　촛또 오네가이시따이노데스가

B : **いいですよ。**
　　　이-데스요

A : 日本語の手紙を書くのを手伝ってくれますか。
　　　니홍고노 데가미오 가꾸노오 데쓰닷떼 구레마스까

A : ちょっとお願いしたいのですが…。

B : 좋아요.

A : 일본어 편지를 쓰는 걸 도와 줄래요?

STEP 4   직접 쓰고 읽어보세요.

미안합니다. 좀 여쭙겠습니다.

축하할 때

STEP 1 날마다 쓰는 베스트 기본문장 따라 읽기

입에 착착!

061. **축하드립니다.**

おめでとうございます。

오메데또-고자이마스

062. **다행이군요.**

よかったですね。

요캇따데스네

063. **기쁘시겠군요.**

うれしいでしょうね。

우레시-데쇼-네

064. **결국 해냈군요.**

ついにやりましたね。

쓰이니 야리마시따네

065. **그걸 들으니 매우 기쁩니다.**

それを聞いて、とてもうれしいです。

소레오 기이떼, 도떼모 우레시-데스

066. **생일 축하해요.**

お誕生日、おめでとう。

오탄죠-비, 오메데또-

> **STEP 2** 이것만은 꼭 알아두세요.

♣ おめでとう

おめでとう(오메데또-/축하해요)는 축하 표현으로 좋은 결과에 대해 칭찬할 때도 쓰입니다. 정중하게 말할 때는 おめでとうございます(오메데또- 고자이마스/축하 드립니다)라고 합니다.

♣ よかったですね

よかった(요캇따)는 「좋다」라는 뜻을 가진 형용사 よい・いい의 과거형으로 「좋았다」 라는 뜻이지만, 어떤 일이 무사히 진행되었을 때나 축하할 때는 「다행이다, 축하 한다」라는 뜻으로도 많이 쓰입니다.

> **STEP 3** 실전대화를 해보세요.

A : 赤_{あか}ちゃん、 **첫돌을 축하드립니다.**
아까쨩, 오탄죠- 오메데또- 고자이마스

B : ありがとう。
아리가또-

A : 赤_{あか}ちゃんはあなたによく似_にていますね。
아카쨩와 아나따니 요꾸 니떼 이마스네

A : 아기, お誕生_{たんじょう}おめでとうございます。

B : 고마워요.

A : 아기는 당신을 많이 닮았군요.

> **STEP 4** 직접 쓰고 읽어보세요.

그걸 들으니 매우 기쁩니다.

➡

맞장구를 칠 때

STEP 1 날마다 쓰는 베스트 기본문장 따라 읽기

입에 착착!

067. **과연.** ☐ ☐ ☐

なるほど。

나루호도

068. **정말입니까?** ☐ ☐ ☐

ほんとうですか。

혼또-데스까

069. **맞습니다.** ☐ ☐ ☐

そのとおりです。

소노토-리데스

070. **물론이고 말고요.** ☐ ☐ ☐

もちろんですとも。

모찌론데스또모

071. **그렇고 말고요.** ☐ ☐ ☐

そうですとも。

소-데스또모

072. **역시.** ☐ ☐ ☐

やっぱりね。

얍빠리네

40

STEP 2 이것만은 꼭 알아두세요.

♣ **なるほど**

なるほど(나루호도)는 대표적인 맞장구 표현으로 자신이 이해하고 있다는 것을 상대에게 전하면서 대화를 부드럽게 진행시킬 때 쓰입니다.

♣ **そうですか**

そうですか(소−데스까)는 상대의 말에 적극적인 관심을 피력할 때 쓰이는 표현으로 우리말의 「그렇습니까?」에 해당합니다. 친구나 아랫사람이라면 가볍게 끝을 올려서 そう(소−)?나 そうなの(소−나노)?로 표현하면 적절한 맞장구가 됩니다.

STEP 3 실전대화를 해보세요.

A : きのう、 このくらい大きな魚を捕まえたんだ。
　　기노−, 고노 쿠라이 오−끼나 사까나오 쓰까마에딴다

B : 冗談でしょ。
　　죠−단데쇼

A : 정말이야.
　　혼또−다요

A : 어제 이 정도 큰 물고기를 잡았어.

B : 농담이겠지.

A : ほんとうだよ。

STEP 4 직접 쓰고 읽어보세요.

물론이고 말고요.

➡

41

알아듣지 못했을 때

학습일

STEP 1 날마다 쓰는 베스트 기본문장 따라 읽기

073. **다시 한번 말해 주겠어요?**

もう一度、言ってくれますか。

모- 이찌도, 잇떼 구레마스까

074. **좀더 천천히 말해 주세요.**

もう少し、ゆっくりと話してください。

모- 스꼬시, 육꾸리또 하나시떼 구다사이

075. **당신이 말한 것을 알아듣지 못했습니다.**

あなたの言うことが聞き取れませんでした。

아나따노 이우 고또가 기키또레마센데시다

076. **말씀하시는 것을 모르겠습니다.**

おっしゃることがわかりません。

옷샤루 고또가 와까리마셍

077. **그건 무슨 뜻입니까?**

それはどういう意味ですか。

소레와 도-이우 이미데스까

078. **뭐가 뭔지 전혀 모르겠습니다.**

なにがなんだか全然わかりません。

나니가 난다까 젠젱 와까리마셍

STEP 2 이것만은 꼭 알아두세요.

♣ わかる와 知る

わかる(와까루)와 知る(시루)는 우리말의 「알다」로 해석되는 동사이지만, わかる (와까루)는 듣거나 보거나 해서 이해하는 의미로 쓰이며, 知る(시루)는 학습이나 외부로부터의 지식을 획득하여 안다는 의미로 쓰입니다. 흔히 「알겠습니다」의 표 현으로 わかりました(와까리마시다)를 쓰지만, 상사나 고객에게는 承知しました (쇼-찌시마시다)나 かしこまりました(카시꼬마리마시다)를 쓰는 것이 좋습니다. 또 한 그 반대 표현인 「모르겠습니다」도 わかりません(와까리마셍)이 아니라 わかりか ねます(와까리카네마스)라고 하는 것이 좋습니다.

STEP 3 실전대화를 해보세요.

A : **すみません。何と言ったのですか。**
스미마셍. 난또 잇따노데스까

B : **もう一度、言いましょうか。**
모- 이찌도. 이이마쇼-까

A : **ええ、 다시 한번 설명해 주세요.**
에-, 모- 이찌도 세쯔메-시떼 구다사이

A : 미안합니다. 뭐라고 했습니까?

B : 다시 한번 말할까요?

A : 예, **もう一度説明してください。**

STEP 4 직접 쓰고 읽어보세요.

그건 무슨 뜻입니까?

➡

기쁨·칭찬의 표현

임에 착착!

079. **매우 기쁩니다.**   ☐ ☐ ☐

とてもうれしいです。

도떼모 우레시-데스

---

080. **무척 즐거웠습니다.**   ☐ ☐ ☐

とても楽しかったです。

도떼모 다노시캇따데스

---

081. **기분이 최고다.**   ☐ ☐ ☐

最高の気分だ。

사이꼬-노 기분다

---

082. **행운이야.**   ☐ ☐ ☐

ラッキーだ。

락끼-다

---

083. **와, 예쁘군요.**   ☐ ☐ ☐

わぁ、きれいですね。

와-, 기레이데스네

---

084. **멋지다!**   ☐ ☐ ☐

すてき!

스테끼

44

STEP 2 ▶ 이것만은 꼭 알아두세요.

♣ **일본인은 칭찬에 대해서 말을 아끼지 않는다.**

일본인은 상대에 대한 칭찬에 대해서는 말을 아끼지 않습니다. 더듬거리는 일본어
로 말을 걸어도 日本語がお上手ですね(니홍고가 오죠—즈데스네/일본어를 잘 하
시네요)라고 칭찬을 합니다. 이처럼 일본인은 사소한 것이라도 칭찬을 하는 습관
이 몸에 배어 있으므로 액면 그대로 받아들이면 오해하기 쉬운 경우도 종종 있습
니다.

STEP 3 ▶ 실전대화를 해보세요.

A: 新しいスカート、とても似合いますよ。
아따라시— 스카—토, 도떼모 니아이마스요

B: **그렇게 말해 주니 기뻐요.**
소— 잇떼 구레떼 우레시—와

A: スカートがブラウスととてもよく合っています。
스카—토가 부라우스또 도떼모 요꾸 앗떼 이마스

A: 새 스커트 무척 잘 어울려요.
B: そう言ってくれてうれしいわ。
A: 스커트가 블라우스와 무척 잘 맞습니다.

STEP 4 ▶ 직접 쓰고 읽어보세요.

무척 즐거웠습니다.

➡

슬픔·위로할 때

STEP 1 날마다 쓰는 베스트 기본문장 따라 읽기

임에 착착!

085. **그거 안됐군요.**

それはいけませんね。

소레와 이께마센네

086. **유감스럽군요.**

ざんねんですね。

잔넨데스네

087. **그건 당신 탓이 아닙니다.**

それはあなたのせいではありません。

소레와 아나따노 세-데와 아리마셍

088. **힘을 내세요.**

元気を出してください。

겡끼오 다시떼 구다사이

089. **걱정 말아요. 저는 괜찮습니다.**

ご心配なく。わたしは大丈夫です。

고심빠이나꾸. 와따시와 다이죠-부데스

090. **마음은 잘 알겠습니다.**

お気持ちはよくわかります。

오키모찌와 요꾸 와까리마스

46

STEP 2 이것만은 꼭 알아두세요.

♣ **大丈夫です**

大丈夫(다이죠-부)는 「괜찮다, 걱정없다」의 뜻을 가진 형용동사로써 상대의 염려를 위로하거나, 요구에 아무런 문제가 없음을 나타낼 때 쓰이는 표현입니다.

♣ **위로의 표현**

상대를 위로하는 표현에는 여러 가지가 있습니다. 만약 상대가 슬프다는 감정 표현을 하면 きっとうまくいきますよ(킷또 우마꾸 이끼마스요/꼭 잘 될 거예요)라고 위로를 합니다. 이에 대한 응답 표현으로는 私は大丈夫です。ありがとう(와따시와 다이죠-부데스. 아리가또-/나는 괜찮습니다. 고마워요)가 있습니다.

STEP 3 실전대화를 해보세요.

A : 大丈夫ですか。
다이죠-부데스까

B : **괜찮습니다.**
다이죠-부데스

A : この次はきっとうまくいきますよ。
고노 쓰기와 깃또 우마꾸 이끼마스요

A : **괜찮습니까?**

B : 大丈夫です。

A : **다음에는 꼭 잘 될 거예요.**

STEP 4 직접 쓰고 읽어보세요.

걱정 말아요. 저는 괜찮습니다.

➡

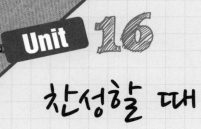 
찬성할 때

| STEP 1 | 날마다 쓰는 베스트 기본문장 따라 읽기 |

091. **찬성입니다.**

賛成です。

산세-데스

092. **물론입니다.**

もちろんです。

모찌론데스

093. **지당하다고 생각합니다.**

もっともだと思います。

못또모다또 오모이마스

094. **그렇게 할까요?**

そうしましょうか。

소- 시마쇼-까

095. **그렇게 합시다.**

そうしましょう。

소- 시마쇼-

096. **잘 알았습니다.**

よくわかりました。

요꾸 와까리마시다

STEP 2 이것만은 꼭 알아두세요.

♣ **いいですよ、けっこうです**

いいですよ(이-데스요)는 상대방의 제안이나 의견에 아무런 이의나 반론이 없이 기꺼이 찬성하고 동의할 때 쓰이는 표현입니다.

けっこうです(겍꼬-데스)는 만족이나 찬성의 기분을 나타낼 때 쓰이기도 하며, 특히 상대에게 타협안을 들었을 때 상대의 의견이나 행위에 대한 응답으로 쓰이기도 합니다.

STEP 3 실전대화를 해보세요.

A : **わたしのプランをどう思いますか。**
와따시노 프랑오 도- 오모이마스까

B : **すばらしいと思います。** **당신의 계획에 찬성합니다.**
스바라시-또 오모이마스. 아나따노 프란니 산세-시마스

A : **賛成してくれて、ありがとうございます。**
산세-시떼 구레떼, 아리가또- 고자이마스

A : 제 계획을 어떻게 생각합니까?

B : 훌륭하다고 생각합니다. **あなたのプランに賛成します。**

A : 찬성해 줘서 고맙습니다.

STEP 4 직접 쓰고 읽어보세요.

지당하다고 생각합니다.

➡

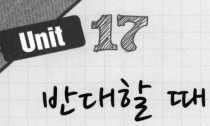

Unit **17**

학습일

반대할 때

말에
착착!

STEP 1　날마다 쓰는 베스트 기본문장 따라 읽기

097. **유감스럽지만, 찬성할 수 없습니다.** ☐ ☐ ☐

残念ですが、賛成できません。

잔넨데스가, 산세-데끼마셍

098. **그건 다릅니다.** ☐ ☐ ☐

それはちがいます。

소레와 치가이마스

099. **저는 그렇게는 생각하지 않습니다.** ☐ ☐ ☐

わたしはそうは思いません。

와따시와 소-와 오모이마셍

100. **동의하기 어렵습니다.** ☐ ☐ ☐

同意しかねます。

도-이시카네마스

101. **그건 안 됩니다.** ☐ ☐ ☐

それはいけません。

소레와 이께마셍

102. **그럼, 어떻게 할까요?** ☐ ☐ ☐

それでは、どうしましょうか。

소레데와, 도- 시마쇼-까

이것만은 꼭 알아두세요.

♣ わたしはそう思いません

일본인은 자시의 의견을 확실하게 표현하는 것은 상대에게 실례가 된다고 생각하고 있습니다. 따라서 자신의 반대 의사를 표현할 때도 분명하게 말하기보다는 완곡하게 표현합니다. わたしはそう思いません(와따시와 소- 오모이마셍/저는 그렇게 생각하지 않습니다)는 상대의 의견이나 제안에 자신의 생각은 그렇지 않다고 반대할 때 쓰이는 표현으로 직접적인 反対です(한따디데스)에 비해 다소 완곡한 표현입니다.

STEP 3 실전대화를 해보세요.

A : **당신에게는 찬성할 수 없습니다.**
아나따니와 산세- 데끼마셍

B : わたしのプランに何か問題がありますか。
와따시노 프란니 나니까 몬다이가 아리마스까

A : すこし待つべきです。
스꼬시 마쯔베끼데스

A : あなたには賛成できません。
B : 제 계획에 무슨 문제가 있습니까?
A : 좀 기다려야만 합니다.

STEP 4 직접 쓰고 읽어보세요.

저는 그렇게는 생각하지 않습니다.

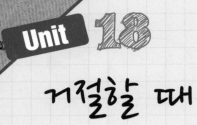

Unit 18

학습일

거절할 때

STEP 1　날마다 쓰는 베스트 기본문장 따라 읽기　입에 착착!

103.　**유감스럽지만, 그렇게 할 수는 없습니다.**　☐ ☐ ☐

ざんねんですが、そうすることはできません。

잔넨데스가, 소- 스루 고또와 데끼마셍

104.　**그건 무리일 것 같습니다.**　☐ ☐ ☐

それは無理だと思います。

소레와 무리다또 오모이마스

105.　**그건 할 수 없을 것 같군요.**　☐ ☐ ☐

それ、できそうもないですね。

소레, 데끼소-모 나이데스네

106.　**아니오, 됐습니다.**　☐ ☐ ☐

いいえ、けっこうです。

이-에, 겍꼬-데스

107.　**저로서는 어떻게 할 수도 없습니다.**　☐ ☐ ☐

わたしにはどうすることもできません。

와따시니와 도- 스루 고또모 데끼마셍

108.　**생각해 보겠습니다.**　☐ ☐ ☐

考えておきましょう。

강가에떼 오끼마쇼-

52

STEP 2 이것만은 꼭 알아두세요.

♣ いいえ、けっこうです

이 표현은 상대의 의뢰나 제안에 감사는 하지만, 어쩔 수 없이 거절을 해야 할 때 쓰이는 표현입니다. けっこうです(겟꼬−데스/괜찮습니다)는 いいです(이−데스/됐습니다)나 十分です(쥬−분데스/충분합니다) 등으로 바꾸어 표현할 수도 있습니다. 또한 상대가 자신에게 모처럼 제안이나 권유를 했는데 차갑게 거절하는 것은 상대를 전혀 고려하지 않는 행위이므로 상대의 기분을 상하지 않기 위해서는 좀더 완곡한 표현을 써야 합니다.

STEP 3 실전대화를 해보세요.

A : **そうしたいのですか。**
소− 시따이노데스까

B : **그렇게 하고 싶은데, 지금 바쁩니다.**
소− 시따이노데스가, 이마 이소가시−데스

A : **わかりました。 それじゃ、 この次^{つぎ}にしましょう。**
와까리마시다. 소레쟈, 고노 쓰기니 시마쇼−

A : 그렇게 하고 싶습니까?

B : そうしたいのですが、 いま、 いそがしいです。

A : 알았습니다. 그럼 이 다음에 합시다.

STEP 4 직접 쓰고 읽어보세요.

저로서는 어떻게 할 수도 없습니다.

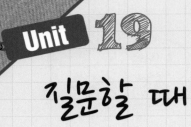

Unit 19

학습일

질문할 때

STEP 1 날마다 쓰는 베스트 기본문장 따라 읽기

입에 착착!

109. **이 냄새는 뭐지?**
☐ ☐ ☐

このにおいは何だ？

고노 니오이와 난다

110. **질문해도 되니?**
☐ ☐ ☐

質問してもいい？

시쯔몬시떼모 이ー

111. **ナウい란 무슨 뜻입니까?**
☐ ☐ ☐

ナウいってどういう意味ですか。

나우잇떼 도ー이우 이미데스까

112. **이건 누구 것이니?**
☐ ☐ ☐

これはだれの？

고레와 다레노

113. **어느 차입니까?**
☐ ☐ ☐

どの車ですか。

도노 구루마데스까

114. **이건 뭐라고 하니?**
☐ ☐ ☐

これは何て言うの？

고레와 난떼 이우노

STEP 2 ▶ 이것만은 꼭 알아두세요.

♣ 의문사

일본어에서 의문이나 질문을 나타내는 종조사로는 か(까)가 일반적이지만, 그밖에 の(노)가 있으며, 평서문의 끝을 올려서 말하면 질문의 표현이 됩니다.
의문을 나타내는 말로는 何(나니/무엇), どれ(도레/어느 것), いつ(이쯔/언제), ど ちら(도찌라/어느 쪽), どこ(도꼬/어디), だれ(다레/누구) 등이 있습니다.

STEP 3 ▶ 실전대화를 해보세요.

A : **질문해도 됩니까?**
시쯔몬시떼모 이-데스까

B : **どうぞ、何^{なん}ですか。**
도-조, 난데스까

A : **ナウいってどういう意^い味^みですか。**
나우잇떼 도-이우 이미데스까

A : 質^{しつ}問^{もん}してもいいですか。
B : 하세요, 뭡니까?
A : ナウい란 무슨 뜻입니까?

STEP 4 ▶ 직접 쓰고 읽어보세요.

이건 뭐라고 하니?

➡

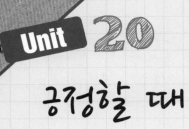 
긍정할 때

115.   **네, 그렇습니다.**   ☐ ☐ ☐

はい、そうです。

하이, 소-데스

116.   **그렇게 생각합니다만.**   ☐ ☐ ☐

そう思^{おも}いますが。

소- 오모이마스가

117.   **전적으로 말씀하신 대로입니다.**   ☐ ☐ ☐

まったくおっしゃるとおりです。

맛따꾸 옷샤루 토-리데스

118.   **그래!**   ☐ ☐ ☐

そうだ!

소-다

119.   **맞습니다.**   ☐ ☐ ☐

そのとおりです。

소노 토-리데스

120.   **부탁합니다.**   ☐ ☐ ☐

お願^{ねが}いします。

오네가이시마스

STEP 2 이것만은 꼭 알아두세요.

머리에 쏙쏙!

♣ 긍정의 응답

상대의 말에 긍정을 할 때 쓰이는 대표적인 감탄사로는 「はい(하이/예)」가 있으며, 가볍게 말할 때는 ええ, うん(에-, 웅/응)으로 표현합니다. 그밖에 긍정 표현으로는 そうです(소-데스/그렇습니다)가 있습니다.

STEP 3 실전대화를 해보세요.

둘이서 쌀라쌀라!

A : 田中さんですか。
다나까산데스까

B : 네, 그렇습니다.
하이 소-데스

A : わたしは韓国からの金です。
와따시와 캉코꾸까라노 김데스

A : 다나카 씨이세요?
B : はい、そうです。
A : 저는 한국에서 온 김입니다.

STEP 4 직접 쓰고 읽어보세요.

손으로 또박또박!

전적으로 말씀하신 대로입니다.

➡

57

학습일

부정할 때

입에 착착!

121. **아니오, 다릅니다(아닙니다).** ☐ ☐ ☐

いいえ、違^{ちが}います。

이-에, 치가이마스

---

122. **그렇지는 않습니다.** ☐ ☐ ☐

そうではありません。

소-데와 아리마셍

---

123. **그렇게는 말하지 않았어요.** ☐ ☐ ☐

そうは言^いってませんよ。

소-와 잇떼마셍요

---

124. **당치도 않습니다.** ☐ ☐ ☐

とんでもありません。

돈데모 아리마셍

---

125. **예, 조금도.** ☐ ☐ ☐

ええ、ちっとも。

에-, 칫또모

---

126. **저는 말하지 않았습니다.** ☐ ☐ ☐

わたしは言^いっておりません。

와따시와 잇떼 오리마셍

STEP 2 이것만은 꼭 알아두세요.

♣ 부정의 응답

상대의 의견이나 제안에 관해 부정할 때 쓰이는 감탄사로는 いいえ(이-에/아니오)가 있으며, 가볍게 말할 때는 いや(이야/아니), ううん(우웅/아냐)가 있습니다. 그밖에 부정 표현으로는 ちがいます(다릅니다)가 있습니다.

STEP 3 실전대화를 해보세요.

A : きょうは忙しいんだよ。
교-와 이소가신다요

B : **그렇다면 안 되겠네.**
소레쟈 다메다요네

A : なんのことだ?
난노 고또다

A : 오늘은 바빠.

B : それじゃだめだよね。

A : 무슨 일인데?

STEP 4 직접 쓰고 읽어보세요.

그렇게는 말하지 않았어요.

➡

良、いっしょにしませんか。 で何か簡単
食べましょう。そちらへはどうやって行くの
すか。またあとで来てもらえますか。ここ
自慢料理は何ですか。注文を確かめてくだ
注文を変えてもいいですか。ちょっと

학원을 이기는

観光案内所はどこですか。何に興味
ちですか。ツアーは何時間かかりますか
料金はいくらですか。入場は有料ですか。無
のパンフレットはありますか。心配要りま

독학 일본어회화 1

さん。新しいのと取り替えてください。これ
どういう料理ですか。すぐできますか。静

Part

2

일상회화

학습일

아는 사람을 우연히 만났을 때

입에 착착!

127. 기무라 씨, 외출하세요?

木村さん、お出かけですか。

기무라상, 오데카께데스까

---

128. 무얼 하러 가니?

何をしに行くの？

나니오 시니 이꾸노

---

129. 어머, 또 뵙네요.

おや、また会いましたね。

오야, 마따 아이마시따네

---

130. 야, 자주 뵙네요.

やあ、よく会いますね。

야ー, 요꾸 아이마스네

---

131. 날씨가 좋군요.

いいお天気ですね。

이ー 오텡끼데스네

---

132. 오늘은 안색이 좋군요.

きょうは顔色がいいですね。

쿄ー와 가오이로가 이ー데스네

STEP 2 이것만은 꼭 알아두세요.

인사는 세계 어느 곳에서나 그 사람의 인상을 좌우할 수 있는 중요한 척도입니다. 우리는 아는 사람을 만났을 때 일상적으로 쓰는 말이 「안녕하세요?」이지만, 일본어에서는 아침(おはようございます/오하요- 고자이마스), 낮(こんにちは/곤니찌와), 저녁(こんばんは/곰방와) 인사를 구분하여 쓰고 있습니다. 평상시에 이웃들과 나누는 기본적인 인사만으로 질리면 날씨에 관한 인사를 다양하게 알아두어 멋진 일본어를 구사하도록 합시다.

STEP 3 실전대화를 해보세요.

A : 大西さん、こんにちは。
　　오-니시상, 곤니찌와

B : ああ、ホンさん、こんにちは。 **외출하십니까?**
　　아-, 혼상, 곤니찌와. 오데카께데스까

A : ええ、ちょっと用事で。おいそがしいですか。
　　에-, 촛또 요-지데. 오이소가시-데스까

B : まあまあです。
　　마-마-데스

A : 오니시 씨, 안녕하세요?

B : 아, 홍씨, 안녕하세요? お出かけですか。

A : 예, 잠깐 일이 있어서요. 바쁘세요?

B : 그저 그렇습니다.

STEP 4 직접 쓰고 읽어보세요.

날씨가 좋군요.

➡

63

모르는 사람에게 말을 걸 때

| STEP 1 | 날마다 쓰는 베스트 기본문장 따라 읽기 |

임에 착착!

133. **무슨 곤란한 일이 있으세요?**

何かお困りですか。

나니까 오코마리데스까

134. **어떻게 된 겁니까?**

どうなさったのですか。

도-나삿따노데스까

135. **도와드릴까요?**

お手伝いしましょうか。

오테쓰다이시마쇼-까

136. **죄송한데요, 지금 몇 시입니까?**

すみません、いま何時ですか。

스미마셍, 이마 난지데스까

137. **죄송합니다, 잠깐 여쭤도 되겠습니까?**

すみません、ちょっとお尋ねしてよろしいでしょうか。

스미마셍, 촛또 오타즈네시떼 요로시-데쇼-까

138. **여보세요, 뭔가 떨어졌어요.**

もしもし、何か落ちましたよ。

모시모시, 나니까 오찌마시타요

64

STEP 2 이것만은 꼭 알아두세요.

서로 아는 사이라면 이름이나 직책, 호칭으로 표현하지만, 모르는 사람을 부를 때는 보통 すみません(스미마셍/실례합니다)」라고 합니다. 하지만 상대의 이름만을 부를 때는 신중을 기해야 합니다. 이것은 상대와 무척 친한 사이에만 쓸 수 있으므로 친근한 사이가 아니면 실례가 됩니다. 또한 상대와 대화를 원할 때는 상대의 사정을 살피며 お暇ですか(오히마데스까/시간 있으세요?)라고 하면 됩니다.

STEP 3 실전대화를 해보세요.

A : <u>말씀 좀 묻겠는데요,</u> ここは営業部ですか。
오타즈네시마스가, 고꼬와 에-교-부데스까

B : そうです。 どんなご用件でしょうか。
소-데스. 돈나 고요-껜데쇼-까

A : 洪と申しますが、 部長さんにお会いしたいのです。
혼또 모-시마스가, 부쬬-산니 오아이시따이노데스

B : どうぞ、 お入りください。
도-조, 오하이리 구다사이

A : お尋ねしますが、 여기가 영업부입니까?

B : 그렇습니다. 무슨 일이신가요?

A : 홍이라고 하는데요, 부장님을 뵙고 싶습니다.

B : 자, 들어오세요.

STEP 4 직접 쓰고 읽어보세요.

죄송합니다, 잠깐 여쭤도 되겠습니까?

➡

집에 초대할 때

STEP 1 날마다 쓰는 베스트 기본문장 따라 읽기

139. **일요일에 우리 집에 오세요.** ☐ ☐ ☐

日曜日わたしのうちにおいでください。

니찌요-비 와따시노 우찌니 오이데 구다사이

140. **잠깐 저희 집에 들러 주십시오.** ☐ ☐ ☐

ちょっとわたしのうちへお寄りになってください。

촛또 와따시노 우찌에 오요리니 낫떼 구다사이

141. **내일 축제가 있습니다. 놀러 오세요.** ☐ ☐ ☐

あすお祭りがあります、お遊びにいらっしゃい。

아스 오마쯔리가 아리마스, 오아소비니 이랏샤이

142. **가는 길에 저한테 들러 주십시오.** ☐ ☐ ☐

ついでにわたしのところへお立ち寄りください。

쓰이데니 와따시노 도꼬로에 오타찌요리 구다사이

143. **언제 한가할 때 놀러 오세요.** ☐ ☐ ☐

いつか、お暇のおりに遊びに来てください。

이쯔까, 오히마노 오리니 아소비니 기떼 구다사이

144. **이번에 이사했는데, 시간 있을 때 들러 주십시오.** ☐ ☐ ☐

今度ひっこしましたので、
お暇なときお立ち寄りください。

콘도 힉꼬시마시따노데, 오히마나 도끼 오타찌요리 구다사이

STEP 2   이것만은 꼭 알아두세요.

아무리 친한 친구라 하더라도 집으로 초대하지 않는다는 일본인도 많습니다. 이것은 집이 좁기 때문이기도 하지만 대개 자기 집안을 남에게 보이는 것을 꺼리기 때문입니다. 그러므로 일본인 집에 초대받는 것은 관계가 상당히 깊어졌다고 볼 수 있습니다. 일단 알게 된 사람이나 친구와 한층 더 친해지기 위해서는 자신의 집이나 파티에 초대해서 대화를 나누는 것은 서로의 거리낌 없는 친분을 쌓는 데 매우 중요한 의미를 갖습니다.

STEP 3   실전대화를 해보세요.

A :　わたしのうちに **잠깐 들렀다 가세요.**
　　와따시노 우찌니 춋또 옷떼 잇떼 구다사이

B :　もう遅いでしょう。
　　모- 오소이데쇼-

A :　だいじょうぶ、お茶でも飲みにきてください。
　　다이죠-부, 오챠데모 노미니 기떼 구다사이

B :　それじゃ、おじゃまします。
　　소레쟈, 오쟈마시마스

A :　우리 집에 ちょっと寄っていってください。
B :　너무 늦었어요.
A :　괜찮아요, 차라도 마시러 오세요.
B :　그럼, 들를게요.

STEP 4   직접 쓰고 읽어보세요.

가는 길에 저한테 들러 주십시오.

➡

손님을 맞이할 때

STEP 1   날마다 쓰는 베스트 기본문장 따라 읽기

임에
착착!

145.   **잘 오셨습니다.**   ☐ ☐ ☐

ようこそいらっしゃいました。

요-꼬소 이랏샤이마시다

---

146.   **어서 오십시오. 기다리고 있었습니다.**   ☐ ☐ ☐

いらっしゃい。お待ちしていました。

이랏샤이. 오마찌시떼 이마시다

---

147.   **야, 잘 왔어.**   ☐ ☐ ☐

やあ、よく来てくれたね。

야-, 요꾸 기떼 구레따네

---

148.   **들어오십시오. 잘 오셨습니다.**   ☐ ☐ ☐

お入りください。ようこそお出でくださいました。

오하이리 구다사이. 요-꼬소 오이데 구다사이마시다

---

149.   **때마침 잘 오셨습니다.**   ☐ ☐ ☐

ちょうどよいところにいらっしゃいました。

쵸-도 요이 도꼬로니 이랏샤이마시다

---

150.   **늦었네요. 많이 기다렸어요.**   ☐ ☐ ☐

遅かったですね。ずいぶん待ちましたよ。

오소캇따데스네. 즈이붐 마찌마시타요.

68

STEP 2 이것만은 꼭 알아두세요.

남의 집을 방문할 때는 ごめんください(고멩구다사이/실례합니다)라고 상대를 부른 다음 집주인이 나올 때까지 대문이나 현관에서 기다립니다. 주인이 どちらさまですか(도찌라사마데스까/누구십니까?)라면서 나오면 자기소개를 하고, 가볍게 인사를 나눈 뒤 주인의 안내로 집안으로 들어갑니다. 일본도 우리와 마찬가지로 실내에서는 신발을 신지 않습니다. 이 때 준비해온 선물을 これをどうぞ(고레오 도−조/이걸 받으십시오)라고 하면서 건넵니다.

STEP 3 실전대화를 해보세요.

A : 大山さんいらっしゃいますか。
오−야마상 이랏샤이마스까

B : どうぞ、お入りください。 **잘 오셨습니다.**
도−조, 오하이리 구다사이. 요−꼬소 이랏샤이마시다

A : 遅くなって、お待たせしてしまいました。
오소꾸 낫떼, 오마따세시떼 시마이마시다

B : いいえ、ちょうどよいところにいらっしゃいました。
이−에, 쵸−도 요이 도꼬로니 이랏샤이마시다

A : 오야마 씨 계십니까?
B : 예, 들어오십시오. ようこそいらっしゃいました。
A : 늦어서 죄송합니다.
B : 아니오, 마침 적당한 때 오셨습니다.

STEP 4 직접 쓰고 읽어보세요.

어서 오십시오. 기다리고 있었습니다.

➡

69

손님께 권하는 말

151. **여기서는 너무 부담 갖지 마세요.**

ここではどうぞ、遠慮しないでください。

고꼬데와 도-조, 엔료시나이데 구다사이

152. **자, 사양 마세요.**

どうぞ、ご遠慮なく。

도-조, 고엔료나꾸

153. **자, 편히 앉으십시오.**

どうぞ、自由におかけください。

도-조, 지유-니 오카께 구다사이

154. **불편하게 생각 말고, 자, 편히 있으세요.**

堅くならないで、どうぞ、お楽に。

카타꾸나라나이데, 도-조, 오라꾸니

155. **사양하실 필요는 없습니다. 편하게 하십시오.**

ご遠慮することはありません。
ご自由になさってください。

고엔료스루 고또와 아리마셍. 고지유-니 나삿떼 구다사이

156. **덥죠? 겉옷을 벗고 편히 계십시오.**

暑いでしょう。上着を脱いでくつろいでください。

아쯔이데쇼-. 우와기오 누이데 구쯔로이데 구다사이

70

STEP 2 이것만은 꼭 알아두세요.

방문한 사람이 집안으로 들어오면 우선 마음을 편하게 하는 것이 무엇보다 중요합
니다. 이럴 때 주인은 どうぞ、ご遠慮なく(도-조, 고엔료나꾸)라고 말합니다. 그리
고 방문자에게 자리에 앉으라고 간단하게 말할 때는 자리를 가리키며 どうぞ(도-
조)라고 하며, 더욱 정중하게 말할 때는 おかけください(오카께 구다사이)라고 하
면 됩니다. 손님 입장에서 おかまいなく(오카마이나꾸)는 방문했을 때 상대가 바쁘
거나 다른 일로 인해 대접을 받을 수 없을 때 본인은 아무렇지도 않으니 신경쓰지
말라는 의미로 쓰입니다.

STEP 3 실전대화를 해보세요.

A :   みんな知っている人ですから、 편하게 계세요.
      민나 싯떼 이루 히또데스까라, 도-조 오라꾸니

B :   ありがとうございます。
      아리가또- 고자이마스

A :   暑かったら、 上着をお脱ぎになってください。
      아쯔캇따라, 우와기오 오누기니 낫떼 구다사이

B :   じゃ、 遠慮なく、 そうさせてもらいます。
      쟈, 엔료나꾸, 소- 사세떼 모라이마스

A :   모두 아는 사람이니까, どうぞ、 お楽に。
B :   감사합니다.
A :   더우면 겉옷을 벗으십시오.
B :   그럼, 편하게 그리 하겠습니다.

STEP 4 직접 쓰고 읽어보세요.

여기서는 너무 부담 갖지 마세요.

➡

손님께 음료를 권할 때

157. **이건 홍차입니다. 드십시오.**

これは紅茶です。どうぞ。

고레와 코-쨔데스. 도-조

158. **무얼 마시겠습니까?**

何をお飲みになりますか。

나니오 오노미니나리마스까

159. **마실 것은 무엇으로 하시겠습니까?**

お飲み物は何になさいますか。

오노미모노와 나니니 나사이마스까

160. **맥주는 어떠세요?**

ビールはいかがですか。

비-루와 이까가데스까

161. **한 잔 더 드실래요?**

もう一杯いかがですか。

모- 입빠이 이까가데스까

162. **뜨거운 것과 차가운 것 중 어느 것이 좋으시겠어요?**

熱いのと冷たいのとどちらがよろしいでしょうか。

아쯔이노또 쓰메따이노또 도찌라가 요로시-데쇼-까

72

STEP 2 이것만은 꼭 알아두세요.

どうぞ(도-조)는 남에게 정중하게 부탁할 때나 바랄 때 하는 말로 우리말의 「부디, 아무쪼록」에 해당하며, 또한 남에게 권유할 때나 허락할 때도 쓰입니다.
どう(도-)는 「어떻게」라는 뜻을 가진 부사어로, どうですか(도-데스까)의 형태로 쓰일 때는 「어떻습니까?」의 뜻으로 상대방의 의향이나 상태를 묻는 표현이 됩니다. 그리고 いかが(이까가)는 「어떻게」라는 뜻을 가진 부사어 どう(도-)의 겸양어로 いかがですか(이까가데스까)는 정중하게 상대에게 제안이나 권유할 때 쓰이는 표현입니다.

STEP 3 실전대화를 해보세요.

A : 何か飲み物はいかがですか。
    나니까 노미모노와 이까가데스까

B : はい、 ちょっと喉が渇きました。 **차가운 음료가 있나요?**
    하이, 촛또 노도가 카와끼마시다. 쓰메따이 노미모노가 아리마스까

A : ビールとジュースとどちらがいいですか。
    비-루또 쥬-스또 도찌라가 이-데스까

B : じゃ、 ジュースをいただきます。
    쟈-, 쥬-스오 이따다끼마스

A : 마실 것을 드릴까요?
B : 네, 목이 좀 말랐습니다. 冷たい飲み物がありますか。
A : 맥주와 주스 중에 어느 게 좋겠어요?
B : 그럼, 주스로 주세요.

STEP 4 직접 쓰고 읽어보세요.

무얼 마시겠습니까?

➡

73

손님께 음식을 권할 때

163. **자, 사양 마시고 드세요.**

さあ、どうぞ、ご遠慮なく。

사ー, 도ー조, 고엔료나꾸

164. **식기 전에 드세요.**

熱いうちに召し上がってください。

아쯔이 우찌니 메시아갓떼 구다사이

165. **좀 더 드세요.**

もう少し召し上がってください。

모ー 스꼬시 메시아갓떼 구다사이

166. **마음껏 드세요.**

思うぞんぶん召し上がってください。

오모우 좀분 메시아갓떼 구다사이

167. **한국요리는 입에 맞습니까?**

韓国料理はお口に合いますか。

캉코꾸료ー리와 오쿠찌니 아이마스까

168. **입에 맞지 않으면 남기세요.**

お口に合わなければ、残してください。

오쿠찌니 아와나께레바, 노꼬시떼 구다사이

STEP 2 이것만은 꼭 알아두세요.

함께 식사를 하는 것은 서로 친해지기 위한 좋은 기회입니다. 상대에게 정중하게 식사나 음료 등을 제의할 때 많이 쓰이는 표현으로는 ~でもいかがですか(~데모 이까가데스까/~라도 하시겠습니까?)가 있습니다. 방문했을 때 식사가 나오면 주인은 손님에게 식사할 것을 권합니다. 이때 손님은 いただきます(이따다끼마스/잘 먹겠습니다)」라고 말하고 요리를 칭찬하는 것도 잊지 말도록 합시다. 식사를 마쳤을 때는 ごちそうさまでした(고찌소−사마데시다/잘 먹었습니다)라고 합니다.

STEP 3 실전대화를 해보세요.

A : この料理はおいしいですから、 드셔보세요.
고노 료−리와 오이시−데스까라, 메시아갓떼 미떼 구다사이

B : いただきました。 とてもおいしいです。
이따다끼마시다. 도떼모 오이시−데스

A : では、 もう少しどうぞ。
데와, 모− 스꼬시 도−조

B : どうも。 もうずいぶんいただきました。
도−모. 모− 즈이붕 이따다끼마시다

A : 이 요리는 맛있으니 召し上がってみてください。
B : 먹었습니다. 매우 맛있습니다.
A : 그럼, 좀 더 드세요.
B : 고맙습니다. 많이 먹었습니다.

STEP 4 직접 쓰고 읽어보세요.

한국요리는 입에 맞습니까?

➡

STEP 1 날마다 쓰는 베스트 기본문장 따라 읽기

입에 착착!

169. **이만 가보겠습니다.**

これで失礼します。

고레데 시쯔레ー시마스

170. **시간도 늦었고, 이만 가보겠습니다.**

時間も遅いので、これで失礼します。

지깡모 오소이노데, 고레데 시쯔레이시마스

171. **실례했습니다.**

お邪魔しました。

오쟈마시마시다

172. **폐가 많았습니다.**

ご迷惑をかけました。

고메ー와꾸오 가께마시다

173. **신세가 많았습니다.**

お世話になりました。

오세와니 나리마시다

174. **오늘 무척 즐거웠습니다.**

きょうはとても楽しかったです。

쿄ー와 도떼모 다노시캇따데스

STEP 2 이것만은 꼭 알아두세요.

방문을 마치고 자리에서 일어서면서 작별을 고하는 표현으로는 これで失礼します (고레데 시쯔레-시마스/이만 실례할게요)입니다. 일본사람은 어릴 때부터 남에게 폐를 끼치지 않도록 교육을 받습니다. 따라서 迷惑をかける(메-와꾸오 가께루)는「폐를 끼치다」의 뜻으로, 자신의 방문으로 인해 상대방에게 폐가 되었다고 생각하므로 습관적으로 이러한 표현을 많이 사용합니다. お世話になる(오세와니나루)는 상대에게 신세를 졌을 때 쓰는 표현입니다.

STEP 3 실전대화를 해보세요.

A : もう遅いので、 **이만 가볼게요.**
모- 오소이노데, 소로소로 시쯔레-시마스

B : まだ早いですよ。 もうしばらくいらっしゃいよ。
마다 하야이데스요. 모- 시바라꾸 이랏샤이요

A : いいえ、 ずいぶんお邪魔しました。
이-에, 즈이붕 오쟈마시마시다

B : どういたしまして、 またちょくちょく遊びにきてください。
도-이따시마시떼, 마따 쵸꾸쵸꾸 아소비니 기떼 구다사이

A : 시간이 많이 지나서 そろそろ失礼します。

B : 아직 일러요. 좀 더 계세요.

A : 아니오, 너무 실례가 많았습니다.

B : 천만에요. 가끔 놀러오세요.

STEP 4 직접 쓰고 읽어보세요.

폐가 많았습니다.

➡

77

학습일

손님을 배웅할 때

STEP 1 날마다 쓰는 베스트 기본문장 따라 읽기

입에 착착!

175. 가시는 길에 살펴 가세요.

道中お気をつけてください。

도－쮸－ 오키오 쓰케떼 구다사이

---

176. 즐거운 여행이 되시길 빌겠습니다.

楽しいご旅行をお祈りします。

다노시－ 고료꼬－오 오이노리시마스

---

177. 몸조심 잘 하세요.

体によく気をつけてください。

가라다니 요꾸 기오 쓰케떼 구다사이

---

178. 역까지 바래다드리죠.

駅までお送りしましょう。

에끼마데 오오꾸리시마쇼－

---

179. 모든 분들에게 안부 전해 주세요.

みなさんによろしくお伝えください。

미나산니 요로시꾸 오쓰따에 구다사이

---

180. 또 오십시오.

またいらしてください。

마따 이라시떼 구다사이

STEP 2 이것만은 꼭 알아두세요.

またいつか寄ってください(마따 이츠까 욧떼 구다사이/또 언제 들러 주세요)는 방문을 마치고 돌아가는 사람에게 다시 찾아와 주기를 바라는 표현입니다. 정중하게 말할 때는 お寄りください(오요리 구다사이/들러 주십시오)라고 하면 됩니다.

또한 ~によろしくおつたえください(~니 요로시꾸 오쓰따에 구다사이/~에게 잘 안부 전해 주세요)는 헤어지면서 다른 상대의 안부를 전할 때 쓰이는 표현으로 보통 간편하게 줄여서 ~によろしく(~니 요로시꾸)라고 합니다.

STEP 3 실전대화를 해보세요.

A : では、失礼します。
데와, 시쯔레－시마스

B : 道中ご無事で。
도－쮸－ 고부지데

A : わざわざお見送りありがとうございます。
와자와자 오미오꾸리 아리가또－ 고자이마스

B : **또 오십시오. 안녕히 가세요.**
마따 이라시떼 구다사이. 사요－나라

A : **그럼, 가보겠습니다.**

B : **살펴 가세요.**

A : **일부러 배웅 나와 주셔서 감사합니다.**

B : またいらしてください。さようなら。

STEP 4 직접 쓰고 읽어보세요.

모든 분들에게 안부 전해 주세요.

➡

일을 대신 처리할 때

잉에
착착!

181. 이건 제게 맡겨 주세요.

これはわたしに任せ<ruby>任<rt>まか</rt></ruby>てください。

고레와 와따시니 마까세떼 구다사이

---

182. 제가 거들어드리죠.

わたしがお<ruby>手伝<rt>て つだ</rt></ruby>いしましょう。

와따시가 오테쓰다이시마쇼ー

---

183. 그대로 있어요, 제가 할 테니까.

どうぞそのままで、わたしがしますから。

도ー조 소노마마데, 와따시가 시마스까라

---

184. 저로도 괜찮다면 제가 하겠습니다.

わたしでいいのなら、やらせてください。

와따시데 이ー노나라, 야라세떼 구다사이

---

185. 저로도 괜찮다면, 맡겨 주세요.

わたしでよければ、<ruby>任<rt>まか</rt></ruby>せてください。

와따시데 요께레바, 마까세떼 구다사이

---

186. 이 일은 익숙하니까 제가 할게요.

この<ruby>仕事<rt>し ごと</rt></ruby>にはなれていますから、やらせてください。

고노 시고또니와 나레떼 이마스까라, 야라세떼 구다사이

80

STEP 2   이것만은 꼭 알아두세요.

やらせてください(야라세떼 구다사이)는 동사 「하다」의 뜻을 가진 やる(야루)의 사역형인 やらせる(야라세루/시키다)에 요구를 나타내는 ～てください(～떼 구다사이)를 접속한 형태입니다. 따라서 이것은 상대에게 뭔가의 시킴을 받겠다는 뜻으로 말하는 사람의 행위 의지를 겸손하게 표현할 때 많이 사용합니다.

STEP 3   실전대화를 해보세요.

A :   この件はどうしましょう。
고노 껭와 도- 시마쇼-

B :   **제가 하겠습니다.**
와따시니 야라세떼 구다사이

A :   いいですよ。 じゃ、 お願いします。
이-데스요. 쟈, 오네가이시마스

B :   だいじょうぶです。 お任せください。
다이죠-부데스. 오마까세 구다사이

A :   이 일은 어떻게 할까요?

B :   わたしにやらせてください。

A :   좋아요. 그럼, 부탁할게요.

B :   괜찮습니다. 맡겨 주세요.

STEP 4   직접 쓰고 읽어보세요.

이건 제게 맡겨 주세요.

➡

자리를 권할 때

STEP 1 날마다 쓰는 베스트 기본문장 따라 읽기

입에 착착!

---

187. **자 여기에 앉으십시오.**

どうぞここにお座りください。

도-조 고꼬니 오스와리 구다사이

---

188. **자 안쪽으로 앉으십시오.**

どうぞ中の方にお座りください。

도-조 나까노 호-니 오스와리 구다사이

---

189. **상석으로 앉으십시오.**

上座へどうぞ。

카미자에 도-조

---

190. **여기가 비어 있으니까 앉으십시오.**

ここが空いていますから、どうぞ。

고꼬가 아이떼 이마스까라, 도-조

---

191. **앞 테이블 쪽으로 앉으십시오.**

前のテーブルの方におかけください。

마에노 테-부루노 호-니 오카께 구다사이

---

192. **좌석은 지정되어 있지 않습니다. 편할 대로 앉으세요.**

座席は指定してありません。どうぞご自由に。

자세끼와 시떼-시떼 아리마셍. 도-조 고지유-니

82

STEP 2 이것만은 꼭 알아두세요.

どうぞ(도-조)는 영어의 please처럼 상대의 요구나 부탁에 가볍게 허락을 하거나 권유할 때 쓰이는 표현으로 매우 편리하게 사용되는 말입니다. 또한 의뢰나 요구 표현인 ～てください(～떼 구다사이)를 존경표현으로는 할 때는 「お(오) + 동사의 중지형 + ください(구다사이)」로 나타냅니다.

かけてください(가케떼 구다사이/앉으세요)

→ おかけください(오카께 구다사이/앉으십시오)

STEP 3 실전대화를 해보세요.

A : やあ、いらっしゃい。みんなお待ちしていたところ です。
야-, 이랏샤이. 민나 오마찌시떼 이따 도꼬로데스

B : 遅くなってすみません。
오소꾸 낫떼 스미마셍

A : **아무데나 편할 대로 앉으십시오.**
도꼬에데모 고지유-니 오스와리 구다사이

B : どうも。
도-모

A : 야-, 어서 오세요. 모두 기다리고 있던 참입니다.

B : 늦어서 미안합니다.

A : どこへでもご自由にお座りください。

B : 감사합니다.

STEP 4 직접 쓰고 읽어보세요.

자 안쪽으로 앉으십시오.

➡

선물을 전할 때

193. **이건 조그만 성의입니다. 받아 주십시오.**

これはほんのこころざしです。どうぞ。

고레와 혼노 고꼬로자시데스. 도-조

---

194. **이건 작은 마음입니다.**

これはほんの気持ちです。

고레와 혼노 기모찌데스

---

195. **이걸 선물로 드리겠습니다. 기념으로 삼아 주십시오.**

これをお贈りします。記念にしてください。

고레오 오오꾸리시마스. 키넨니 시떼 구다사이

---

196. **회사에서 드리는 기념품입니다. 받아 주십시오.**

会社からの記念品です。お受け取りください。

카이샤까라노 키넹힌데스. 오우케또리 구다사이

---

197. **변변치 않습니다만, 받아 주십시오.**

おそまつですが、お受け取りください。

오소마쯔데스가, 오우케또리 구다사이

---

198. **약소하지만, 받아 주십시오.**

つまらないものですが、どうぞ。

쓰마라나이 모노데스가, 도-조

STEP 2　이것만은 꼭 알아두세요.

우리말의 「선물」에 해당하는 일본어는 세 가지가 있습니다. 贈り物(오꾸리모노)는 명절 등 특별한 날에 주는 선물을 말하고, プレゼント(프레젠토)는 생일 따위의 기념하는 날의 선물을 말합니다. 반면 お土産(오미야게)는 여행 등에서 사온 선물을 말한다. 일반적으로 상대에게 선물을 건넬 때는 받는 사람의 입장을 생각하여 부담감을 덜어주기 위해 おそまつですが(오소마쯔데스가/변변치 않지만) 또는 つまらないものですが(쓰마라나이 모노데스가/보잘것없는 것이지만)라는 말을 습관적으로 사용합니다.

STEP 3　실전대화를 해보세요.

A : あたらしいおもちゃです。 お子^こさんにどうぞ。
아따라시- 오모쨔데스. 오꼬산니 도-조

B : 散財^{さんざい}させて、 すみません。
산자이사세떼, 스미마셍

A : **아뇨, 대단한 건 아닙니다.** どうぞお受^うけ取^とりください。
이-에, 다이시따 고또와 아리마셍. 도-조 오우케또리 구다사이

B : そうですか。 ありがとうございます。
소-데스까. 아리가또- 고자이마스

A : 새로운 장난감입니다. 아이에게 주세요.
B : 쓸데없이 돈을 쓰게 해서 죄송합니다.
A : いいえ、 たいしたことはありません。 받아 주십시오.
B : 그러세요. 고맙습니다.

STEP 4　직접 쓰고 읽어보세요.

➡

Unit 13

학습일

다른 사람의 계획을 물을 때

STEP 1 날마다 쓰는 베스트 기본문장 따라 읽기

임에 착착!

199. 내일 시간 있으세요?
あしたお時間ありますか。
아시따 오지깡 아리마스까

200. 오후에는 무엇을 하십니까?
午後は何をなさいますか。
고고와 나니오 나사이마스까

201. 오후에는 어떻게 예정하고 계십니까?
午後はどのようにご予定しておりますか。
고고와 도노요-니 요떼-시떼 오리마스까

202. 내일은 비어 있습니까?
あしたは空いていますか。
아시따와 아이떼 이마스까

203. 일요일에는 어떻게 보낼 예정입니까?
日曜日はどう過ごすつもりですか。
니찌요-비와 도- 스고스 쓰모리데스까

204. 다음 주 스케줄은 어때요?
来週のスケジュールはどうですか。
라이슈-노 스케쥬-루와 도-데스까

STEP 2 이것만은 꼭 알아두세요.

존경의 의미를 나타내는 접두어 ご(고)와 お(오)는 한자어에 접속할 때는 ご(고),
순수한 일본어일 경우에는 お(오)가 주로 접속합니다. 하지만 時間(지깡/시간)의
경우에는 한자어이지만 ご(고)가 아니라 お(오)가 접속합니다.
우리말에서는 「예정」을 나타내는 말이 하나이지만, 일본어에서는 予定(요떼-/예
정)는 이미 확정된 예정을 말할 때 쓰이며, 아직 확정되지 않은 예정을 말할 때는
つもり(쓰모리)로 표현합니다.

STEP 3 실전대화를 해보세요.

A : あしたは何^{なに}をなさいますか。
아시따와 나니오 나사이마스까

B : 友^{とも}だちを訪^{たず}ねに行^いきます。
도모다찌오 다즈네니 이끼마스

A : じゃ、 모레 밤에는 무슨 일이 있나요?
쟈, 아삿떼노 방와 낭까 아리마스까

B : 別^{べっ}に何^{なに}もありません。 うちにいます。
베쓰니 나니모 아리마셍. 우찌니 이마스

A : 내일은 무엇을 하십니까?

B : 친구를 만나러 갑니다.

A : 그럼, あさっての晩^{ばん}は何^{なん}かありますか。

B : 특별히 없습니다. 집에 있습니다.

STEP 4 직접 쓰고 읽어보세요.

내일은 비어 있습니까?

➡

학습일

약속시간을 정할 때

STEP 1 날마다 쓰는 베스트 기본문장 따라 읽기

임에 착착!

205. 밤에는 언제쯤이 좋을까요? ☐ ☐ ☐

晩はいつごろが都合がいいでしょうか。

방와 이쯔고로가 쓰고-가 이-데쇼-까

206. 언제 그쪽으로 가면 괜찮을까요? ☐ ☐ ☐

いつそちらへ行けばよろしいでしょうか。

이쯔 소찌라에 이께바 요로시-데쇼-까

207. 시간은 언제가 괜찮을까요? ☐ ☐ ☐

ご都合はいつがよろしいでしょうか。

고쓰고-와 이쯔가 요로시-데쇼-까

208. 오후 2시에 찾아뵈어도 괜찮을까요? ☐ ☐ ☐

午後二時におうかがいしてよろしいでしょうか。

고고 니지니 오우까가이시떼 요로시-데쇼-까

209. 6시에 도착하는데, 괜찮겠어요? ☐ ☐ ☐

六時に着きますが、よろしいでしょうか。

로꾸지니 쓰끼마스가, 요로시-데쇼-까

210. 사정이 괜찮으시면 오늘 밤 8시에 댁으로 찾아뵙고 싶은데요. ☐ ☐ ☐

ご都合がよろしければ、今夜八時にお宅へ

おうかがいしたいと思いますが。

고쓰고-가 요로시께레바, 공야 하찌지니 오따꾸에 오우까가이시따이또 오모이마스가

STEP 2 이것만은 꼭 알아두세요.

일본인의 약속에 대한 관념은 철저한 편입니다. 상대와 약속을 할 때는 우선 상대
방의 형편이나 사정을 물어본 다음 용건을 말하고 시간과 장소를 말하는 것이 순
서입니다. 가능하면 장소와 시간은 상대방이 정하는 게 좋습니다. 또한 약속 장소
를 정할 때는 상대가 쉽게 찾을 수 있는 곳을 염두에 두어야 합니다. 그렇지 않고
일방적으로 자신만이 알고 있는 장소를 선택하면 상대에 대한 예의가 아닐 뿐만
아니라 제 시간에 만나지 못하게 됩니다.

STEP 3 실전대화를 해보세요.

A : お宅へおうかがいしたいのですが。
오타꾸에 오우까가이시따이노데스가

B : ぜひいらしてください。
제히 이라시떼 구다사이

A : **언제쯤 찾아뵈면 괜찮을까요?**
이쯔고로 오우까가이 스레바 요로시-데쇼-까

B : このところずっとうちにいます。 いつでもどうぞ。
고노 도꼬로 즛또 우찌니 이마스. 이쯔데모 도-조

A : **댁으로 찾아뵙고 싶은데요.**

B : **꼭 오십시오.**

A : いつごろおうかがいすればよろしいでしょうか。

B : **요즘 계속 집에 있습니다. 언제든지 오십시오.**

STEP 4 직접 쓰고 읽어보세요.

시간은 언제가 괜찮을까요?

➡

89

학습일

약속하기 편한 시간과 장소를 물을 때

STEP 1 날마다 쓰는 베스트 기본문장 따라 읽기

입에 착착!

211. **시간은 어떠세요?**

ご都合はいかがですか。
<small>つごう</small>

고쓰고ー와 이까가데스까

---

212. **다음 주 일요일은 어떠십니까?**

来週の日曜日はいかがですか。
<small>らいしゅう　にちようび</small>

라이슈ー노 니찌요ー비와 이까가데스까

---

213. **장소는 어디가 좋을까요?**

場所はどこがよろしいですか。
<small>ばしょ</small>

바쇼와 도꼬가 요로시ー데스까

---

214. **무슨 사정이 안 좋은 일이 있나요?**

何かご都合の悪いことがありますか。
<small>なに　つごう　わる</small>

나니까 고쓰고ー노 와루이 고또가 아리마스까

---

215. **이런 계획인데, 시간은 어떠세요?**

こういう段取りですが、ご都合はいかがですか。
<small>だんど　つごう</small>

고ー이우 단도리데스가, 고쓰고ー와 이까가데스까

---

216. **시간이 안 나세요?**

時間の都合がつかないですか。
<small>じかん　つごう</small>

지깐노 쓰고ー가 쓰까나이데스까

STEP 2 이것만은 꼭 알아두세요.

예를 들어 거래처를 방문할 때는 먼저 전화로 상대에게 방문 의사를 밝히고 허락을 하면 만날 약속을 합니다. 비서나 당사자가 아닌 다른 사람을 통해 약속을 정할 때는 자신의 신분과 용건, 그리고 만나고자 하는 날짜와 시간 등을 밝혀두는 것이 좋습니다. 지금 당장 방문하기를 원할 때는 すぐにうかがいます(스구니 우까가이마스/지금 찾아뵙겠습니다)」라고 하면 됩니다.

STEP 3 실전대화를 해보세요.

A : **오늘 뵙고 싶은데요, 어떠세요?**
　　 쿄ー 오아이시따이노데스가, 이까가데쇼ー까

B : 申しわけありません。 きょうは予定がつまっています。
　　 모ー시와께 아리마셍. 쿄ー와 요떼ー가 쓰맛떼 이마스

A : では、 いつご都合がよろしいでしょうか。
　　 데와, 이쯔 고쓰고ー가 요로시ー데쇼ー까

B : あすの午前中は暇です。 いらしてください。
　　 아스노 고젠쮸ー와 히마데스. 이라시떼 구다사이

A : きょうお会いしたいのですが、 いかがでしょうか。
B : 죄송합니다. 오늘은 일정이 차 있습니다.
A : 그럼, 언제 시간이 괜찮을까요?
B : 내일 오전 중에는 한가합니다. 오십시오.

STEP 4 직접 쓰고 읽어보세요.

무슨 사정이 안 좋은 일이 있나요?

➡

직장을 물어볼 때

> **STEP 1** 날마다 쓰는 베스트 기본문장 따라 읽기
>
> 입에 착착!

217. **어디서 근무하세요?** ☐ ☐ ☐

どちらにお勤めですか。

도찌라니 오쓰또메데스까

---

218. **어느 부서에서 일을 하고 계십니까?** ☐ ☐ ☐

どういう部門でお仕事をしているのですか。

도-이우 부몬데 오시고또오 시떼 이루노데스까

---

219. **어떤 장사를 하고 있습니까?** ☐ ☐ ☐

どんなご商売をなさっていますか。

돈나 고쇼-바이오 나삿떼 이마스까

---

220. **직장에 다니십니까, 아니면 학교에 다니고 있습니까?** ☐ ☐ ☐

お勤めですか、それとも学校に行っているのですか。

오쓰또메데스까, 소레또모 각꼬-니 잇떼 이루노데스까

---

221. **직장은 어디에 있습니까?** ☐ ☐ ☐

お勤め先はどこにありますか。

오쓰또메사끼와 도꼬니 아리마스까

---

222. **무슨 일을 하세요?** ☐ ☐ ☐

お仕事は?

오시고또와

STEP 2 이것만은 꼭 알아두세요.

직업 분류에는 크게 会社員(카이샤잉/회사원)과 自営業(지교-잉/자영업)으로 나눌 수 있습니다. 일본에서는 공무원을 役人(야꾸닝)이라고도 하며, 회사원을 サラリーマン(사라리-망)이라고 합니다. 또한 일본어에서는 자신이 속해 있는 사람을 외부 사람에게 말을 할 경우에는 우리와는 달리 자신의 상사라도 높여서 말하지 않습니다. 단, 직장 내에서 호출을 할 때 상사인 경우에는 さん을 붙여 말합니다.

STEP 3 실전대화를 해보세요.

A : **어디에 근무하십니까?**
도찌라니 오쓰또메데스까

B : 会社に勤めています。
카이샤니 쓰또메떼 이마스

A : 会社ではどの部門でお仕事をしておられますか。
카이샤데와 도노 부몬데 오시고또오 시떼 오라레마스까

B : 営業部で働いています。
에-교-부데 하따라이떼 이마스

A : どちらにお勤めですか。
B : 회사에서 일하고 있습니다.
A : 회사에서는 어느 부서에서 일을 하고 계십니까?
B : 영업부에서 일하고 있습니다.

STEP 4 직접 쓰고 읽어보세요.

어느 부서에서 일을 하고 계십니까?

➡

93

고향을 물어볼 때

STEP 1 날마다 쓰는 베스트 기본문장 따라 읽기

입에 착착!

---

223. **고향은 어디세요?**

郷里はどちらですか。
<small>きょう り</small>

쿄-리와 도찌라데스까

---

224. **고향은 어디세요(어느 나라 분이세요)?**

お国はどちらですか。
<small>くに</small>

오쿠니와 도찌라데스까

---

225. **저는 한국에서 왔습니다.**

わたしは韓国から来ました。
<small>かん こく　　　　き</small>

와따시와 캉코꾸까라 기마시다

---

226. **어디 출신이세요?**

どちらのご出身ですか。
<small>しゅっしん</small>

도찌라노 고슛신데스까

---

227. **어디서 태어나셨습니까?**

お生まれはどちらですか。
<small>う</small>

오우마레와 도찌라데스까

---

228. **어디서 자랐습니까?**

育ったのはどちらですか。
<small>そだ</small>

소닷따노와 도찌라데스까

STEP 2　이것만은 꼭 알아두세요.

처음 만난 사람과 대화를 나눌 때 고향, 학교, 가족 등에 대한 여러 가지 궁금한
점을 서로 묻고 대답하면서 친근해집니다. 여기서는 일본인을 처음 만났을 때 서
로 주고받는 대화를 중심으로 익히도록 합시다.

상대방이 내국인이라면 お国はどちらですか(오쿠니와 도찌라데스까)는 고향을 묻
는 표현이 되고, 외국인이라면 나라를 묻는 표현이 됩니다. 또한 상대방의 출신을
정중하게 물을 때는 出身(슛싱)에 존경의 의미를 나타내는 접두어 ご(고)를 접속
하여 표현합니다.

STEP 3　실전대화를 해보세요.

A：　あなたは日本の方ですか。
　　　아나따와 니혼노 카따데스까

B：　そうです。わたしは日本人です。
　　　소-데스. 와따시와 니혼진데스

A：　**고향은 어디세요?**
　　　오쿠니와 도찌라데스까

B：　わたしは大阪の出身です。
　　　와따시와 오-사까노 슛신데스

A：　**당신은 일본 분입니까?**

B：　**그렇습니다. 저는 일본사람입니다.**

A：　お国はどちらですか。

B：　**저는 오사카 출신입니다.**

STEP 4　직접 쓰고 읽어보세요.

어디서 태어나셨습니까?

➡

가족을 물어볼 때

STEP 1 날마다 쓰는 베스트 기본문장 따라 읽기

입에 착착!

229. **가족은 누가 있습니까?**

ご家族はだれがいますか。

고카조꾸와 다레가 이마스까

230. **댁에는 몇 분 계십니까?**

お宅は何人いらっしゃいますか。

오타꾸와 난닝 이랏샤이마스까

231. **가족은 모두 몇 분이세요?**

ご家族は全部で何人ですか。

고카조꾸와 젬부데 난닌데스까

232. **형제는 몇 분이세요?**

ご兄弟は何人ですか。

고쿄−다이와 난닌데스까

233. **형님은 결혼하셨습니까?**

お兄さんは結婚していますか。

오니−상와 겍꼰시떼 이마스까

234. **여자형제는 있습니까?**

女兄弟はいますか。

온나쿄−다이와 이마스까

STEP 2   이것만은 꼭 알아두세요.

일본어에서 자신의 가족을 상대에게 말할 때는 윗사람이건 아랫사람이건 모두 낮추어서 말하고 상대방의 가족을 말할 때는 비록 어린애라도 존경의 의미를 나타내는 접두어 ご/お(오/고)나 접미어 さん(상)을 붙여서 높여 말하는 것이 우리와 큰차이점입니다. 단, 가족간에 부를 때는 윗사람인 경우는 さん(상)을 붙여 말하며, 아랫사람인 경우는 이름만을 부르거나, 이름 뒤에 애칭인 ちゃん(쨩)을 붙여 부릅니다.

STEP 3   실전대화를 해보세요.

A :   ご家族は何人ですか。
      고카조꾸와 난닌데스까

B :   全部で五人です。
      젬부데 고닌데스

A :   **형제는 있습니까?**
      쿄―다이와 이마스까

B :   姉が一人と弟が二人おります。
      아네가 히또리또 오또―또가 후따리 오리마스

A :   **가족은 몇 분이세요?**

B :   **모두 다섯 명입니다.**

A :   兄弟はいますか。

B :   **누나 한 명과 남동생 두 명이 있습니다.**

STEP 4   직접 쓰고 읽어보세요.

가족은 모두 몇 분이세요?

➡

의미를 확인할 때

STEP 1 날마다 쓰는 베스트 기본문장 따라 읽기

임에
착착!

235. **그렇다면?** ☐ ☐ ☐

と、おっしゃいますと？

또, 옷샤이마스또

236. **그렇다면, 그건 …라는 말씀이군요.** ☐ ☐ ☐

と、言いますと、それは…ということですね。

또, 이이마스또, 소레와 …또 이우 고또데스네

237. **찬성하신다는 말씀이군요.** ☐ ☐ ☐

賛成なさるということですね。

산세-나사루또 이우 고또데스네

238. **당신이 말씀하시는 것은 무슨 뜻입니까?** ☐ ☐ ☐

あなたのおっしゃることはどういう意味でしょうか。

아나따노 옷샤루 고또와 도-이우 이미데쇼-까

239. **그건 이제 안 된다는 뜻이군요.** ☐ ☐ ☐

それは、もうだめだということですね。

소레와, 모- 다메다또 이우 고또데스네

240. **당신이 찬성한다는 게 틀림없군요.** ☐ ☐ ☐

あなたが賛成だということに間違いありませんね。

아나따가 산세-다또 이우 고또니 마찌가이 아리마센네

STEP 2 이것만은 꼭 알아두세요.

おっしゃる(옷샤루)는 言う(이우/말하다)의 존경어로 우리말의 「말씀하시다」에 해당합니다. 이것은 특수5단동사로 ます가 접속할 때 おっしゃります(옷샤리마스)가 아니라 おっしゃいます(옷샤이마스)로 활용합니다. 또한 ～ということですね(～또 이우 고또데스네)는 「～라는 말씀이군요」의 뜻으로 상대가 말한 의미를 확인할 때 많이 사용합니다.

STEP 3 실전대화를 해보세요.

A: と、おっしゃいますと、参加していただけるのですね。
또, 옷샤이마스또, 상까시떼 이따다께루노데스네

B: そうです。間違いありません。
소－데스. 마찌가이 아리마셍

A: それから、 **말씀해주시는 거죠?**
소레까라, 오하나시모 시떼 이따다께루노데스네

B: ええ、もし必要なら。
에－, 모시 히쯔요－나라

A: 그렇다면, 참석해주시는 거군요.
B: 그렇습니다. 틀림없습니다.
A: 그리고, お話もしていただけるのですね。
B: 예, 혹 필요하다면.

STEP 4 직접 쓰고 읽어보세요.

찬성하신다는 말씀이군요.

➡

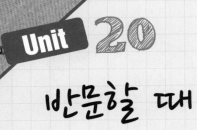 
반문할 때

241. **지금 뭐라고 말씀하셨습니까?**

今何とおっしゃいましたか。
<small>いまなん</small>

이마 난또 옷샤이마시다까

242. **미안합니다, 잘 알아듣지 못했습니다.**

すみません、よく聞き取れませんでした。
<small>き と</small>

스미마셍, 요꾸 기키또레마센데시다

243. **말씀하시는 뜻을 모르겠습니다.**

おっしゃることがわかりません。

옷샤루 고또가 와까리마셍

244. **잠깐 기다려 주세요. 말씀하시는 뜻을 아직 잘 모르겠습니다.**

ちょっと待ってください。お話がまだよくわかりません。
<small>ま はなし</small>

촛또 맛떼 구다사이. 오하나시가 마다 요꾸 와까리마셍

245. **미안합니다. 다시 한 번 말씀해 주세요.**

すみません、もう一度言ってください。
<small>いち ど い</small>

스미마셍, 모- 이찌도 잇떼 구다사이

246. **잘 모르겠습니다. 다시 한 번 말씀해 주시겠습니까?**

よくわかりません。
もう一度話していただけませんか。
<small>いち ど はな</small>

요꾸 와까리마셍. 모- 이찌도 하나시떼 이따다께마셍까

STEP 2   이것만은 꼭 알아두세요.

목소리가 작아서 들리지 않았다거나 말하고 있는 것을 잘 이해하지 못했을 때는 듣고 있는 척을 한다거나, 이해하는 척을 하는 것보다는 되물어보는 것이 상대에게 실례가 되지 않고 대화를 원만하게 진행시키는 데 도움이 됩니다.

A : 何て言ったの? (난떼 잇따노/뭐라고 했니?)

B : いや、何もないよ。(이야, 나니모 나이요/아니, 아무것도 아냐.)

STEP 3   실전대화를 해보세요.

A :   **뭐라고 말씀하셨습니까?**
난떼 옷샤이마시따

B :   「ひかり」で帰ります。
「히까리」데 가에리마스

A :   「ひかり」と言いますと?
「히까리」또 이이마스또

B :   わたしが言っていることは、 新幹線で帰るということ です。
와따시가 잇떼 이루 고또와, 싱깐센데 가에루또 이우 고또데스

A :   何ておっしゃいました?

B :   「히카리」로 갑니다.

A :   「히카리」라고 한다면?

B :   제가 말하는 것은 신칸센으로 간다는 것입니다.

STEP 4   직접 쓰고 읽어보세요.

말씀하시는 뜻을 모르겠습니다.

➡

| STEP 1 | 날마다 쓰는 베스트 기본문장 따라 읽기 | 입에 착착! |

247. **알겠습니까?**

わかりましたか。

와까리마시다까

248. **뭔가 분명하지 않은 게 있나요?**

何(なに)かはっきりしないことがありますか。

나니까 학끼리 시나이 고또가 아리마스까

249. **아직 무슨 문제가 있나요?**

まだ何(なに)か問題(もんだい)がありますか。

마다 나니까 몬다이가 아리마스까

250. **다시 한 번 반복할 필요가 있나요?**

もう一度(いちど)くり返(かえ)す必要(ひつよう)がありますか。

모- 이찌도 구리까에스 히쯔요-가 아리마스까

251. **이제 아시겠어요?**

もうおわかりでしょうか。

모- 오와까리데쇼-까

252. **충분히 이해하셨습니까?**

じゅうぶんにご理解(りかい)いただけましたか。

쥬-분니 고리까이 이따다께마시다까

102

| STEP 2 | 이것만은 꼭 알아두세요.

상대에게 알겠느냐고 물어볼 때는 わかりますか(와까리마스까/알겠어요?)라고 하고, 이해했는지는 물을 때는 과거형인 わかりましたか(와까리마시다까/알았어요?)라고 묻습니다. おわかりでしょうか(오와까리데쇼―까)에서처럼 동사의 중지형에 존경의 뜻을 나타내는 접두어 お(오)를 붙이고 뒤에 정중한 단정을 나타내는 です(데스)를 접속하면 존경의 뜻을 나타냅니다. お～です(오～데스)는 동사의 성질에 따라 과거, 현재, 미래의 동작의 상태를 나타낼 수 있습니다.

| STEP 3 | 실전대화를 해보세요.

A : **지금 말씀드린 것을 이해하셨습니까?**
이마 하나시따 고또오 오와까리니 나리마시다까

B : 大体の意味はわかりました。
다이따이노 이미와 와까리마시다

A : もう一度お話ししなくてもいいですか。
모― 이찌도 오하나시시나꾸떼모 이―데스까

B : けっこうです。
젝꼬―데스

A : 今話したことをおわかりになりましたか。
B : 대강 뜻은 알았습니다.
A : 다시 한 번 말씀드리지 않아도 될까요?
B : 괜찮습니다.

| STEP 4 | 직접 쓰고 읽어보세요.

충분히 이해하셨습니까?

➡

학습일

상대방의 의견을 확인할 때

입에 착착!

253. 이렇게 하면 됩니까?

これでよろしいですか。

고레데 요로시-데스까

---

254. 그밖에 다른 제안은 없습니까?

ほかに何か提案がありますか。

호까니 나니까 테-앙가 아리마스까

---

255. 이 문제에 대해 어떤 의견이 있습니까?

この問題についてどんなご意見がありますか。

고노 몬다이니 쓰이떼 돈나 고이껭가 아리마스까

---

256. 이렇게 하는 것을 어떻게 생각하십니까?

このようにするのをどうお考えですか。

고노 요-니 스루노오 도- 오캉가에데스까

---

257. 생각은 어떠십니까?

お考えはいかがですか。

오캉가에와 이까가데스까

---

258. 이 경향을 당신은 어떻게 봅니까?

この傾向をあなたはどう見ますか。

고노 케-꼬-오 아나따와 도- 미마스까

STEP 2 이것만은 꼭 알아두세요.

~についてどう思いますか(~니 쓰이떼 도- 오모이마스까/~에 대해서 어떻게 생각하세요?)는 뭔가에 대해서 상대의 견해를 묻는 가장 기본적인 표현입니다. 그밖에 ご意見はいかがですか(고이껭와 이까가데스까/의견은 어떠십니까?) 등이 있습니다. 이에 대해 자신의 의견이나 견해를 말하고자 할 때는 먼저 私の考えでは~(와따시노 강가에데와~/내 생각은 ~) 등으로 서두를 꺼내고 하고 싶은 말을 연결하면 됩니다. 상대방의 의견을 칭찬할 때는 そのとおりです(소노 토-리데스/바로 그겁니다!) 등으로 표현할 수 있습니다.

STEP 3 실전대화를 해보세요.

A : **이렇게 하면 괜찮을까요?**
고노 요-니 시떼 요로시-데쇼-까

B : 別に何も意見はありません。
베쓰니 나니모 이껭와 아리마셍

A : では、 このように決めましょう。
데와, 고노요-니 기메마쇼-

B : はい、 けっこうです。
하이, 겍꼬-데스

A : このようにしてよろしいでしょうか。
B : 별다른 의견은 없습니다.
A : 그럼, 이렇게 정합시다.
B : 네, 좋습니다.

STEP 4 직접 쓰고 읽어보세요.

이렇게 하는 것을 어떻게 생각하십니까?

➡

학습일

취미를 물어볼 때

날마다 쓰는 베스트 기본문장 따라 읽기

입에 착착!

259. 당신은 무엇에 흥미를 갖고 계십니까?

あなたは何に興味をお持ちですか。

아나따와 나니니 쿄-미오 오모찌데스까

260. 음악에는 흥미가 있으세요?

音楽には興味がおありですか。

옹가꾸니와 쿄-미가 오아리데스까

261. 여행은 좋아하세요?

旅行はお好きですか。

료꼬-와 오스끼데스까

262. 여가는 어떻게 보내세요?

余暇の楽しみは何ですか。

요까노 다노시미와 난데스까

263. 파친코에는 흥미가 없습니다.

パチンコには興味がありません。

파칭코니와 쿄-미가 아리마셍

264. 수영은 제 취미에 맞지 않습니다.

水泳はわたしの趣味に合いません。

스이에-와 와따시노 슈미니 아이마셍

STEP 2 ▶ 이것만은 꼭 알아두세요.

취미와 여가만큼 다양한 소재를 가지고 있는 화제도 많지 않으므로 ご趣味は何で
すか(고쇼-미와 난데스까/취미는 무엇입니까?)로 시작해서 여러 상황에 응용할
수 있도록 여기에 언급된 표현을 잘 익혀둡시다. 서로가 좋아하는 것과 관심을 가
지고 있는 것에 대해 주고받으면 훨씬 대화가 부드럽게 진행됩니다. 무슨 일에 흥
미가 있는지를 물을 때는 何に興味をお持ちですか(나니니 쿄-미오 오모찌데스
까/무엇에 흥미를 가지고 계십니까?)」라고 합니다.

STEP 3 ▶ 실전대화를 해보세요.

A : **당신은 취미가 뭐예요?**
　　아나따노 슈미와 난데스까

B : わたしは読書が好きです。
　　와따시와 도꾸쇼가 스끼데스

A : 読書のほかに何かありますか。
　　도꾸쇼노 호까니 나니까 아리마스까

B : ピンポンをするのが好きです。
　　핌퐁오 스루노가 스끼데스

A : あなたの趣味は何ですか。
B : 저는 독서를 좋아합니다.
A : 독서 이외에 뭔가 있습니까?
B : 탁구 치는 것을 좋아합니다.

STEP 4 ▶ 직접 쓰고 읽어보세요.

당신은 무엇에 흥미를 갖고 계십니까?

➡

107

원인을 물어볼 때

STEP 1 날마다 쓰는 베스트 기본문장 따라 읽기

입에 착착!

265. **도대체 어떻게 된 거죠?** ☐ ☐ ☐

いったい
一体どうしたのですか。

잇따이 도-시따노데스까

---

266. **왜 안 됩니까?** ☐ ☐ ☐

どうしてだめなんですか

도-시떼 다메난데스까

---

267. **어째서인지 설명해 주세요.** ☐ ☐ ☐

せつめい
どうしてなのか説明してください。

도-시떼나노까 세쯔메-시떼 구다사이

---

268. **왜 오지 않는 거예요?** ☐ ☐ ☐

き
なぜ来てくれないのですか。

나제 기떼 구레나이노데스까

---

269. **도저히 모르겠습니다.** ☐ ☐ ☐

どうしてもわかりません。

도-시떼모 와까리마셍

---

270. **왜 이렇게 된 겁니까?** ☐ ☐ ☐

なぜこうなったのですか。

나제 고-낫따노데스까

STEP 2 이것만은 꼭 알아두세요.

이유를 물을 때는 보통 なぜ(나제/왜). どうして(도-시떼/어째서)라고 하며, 이유에 대해서 말할 때는 원인과 이유를 나타내는 접속조사 ~て(~떼/~하고, ~해서), ~から(~까라/~하니까, ~하므로)나 ~ので(~노데/~때문에, ~이므로) 이외에 ~ために(~다메니/~때문에) 등이 쓰입니다.

STEP 3 실전대화를 해보세요.

A : <ruby>彼<rt>かれ</rt></ruby>は **왜 아직 오지 않는 거죠?**
　　카레와 도-시떼 마다 고나이노데쇼-

B : どうしてなのかわかりません。
　　도-시떼나노까 와까리마셍

A : <ruby>時間<rt>じかん</rt></ruby>を<ruby>間違<rt>まちが</rt></ruby>えたのじゃないでしょうね。
　　지깡오 마찌가에따노쟈 나이데쇼-네

B : そんなはずはありません。 はっきり<ruby>言<rt>い</rt></ruby>いましたから。
　　손나 하즈와 아리마셍. 학끼리 이이마시다까라

A : 그는 どうしてまだ<ruby>来<rt>こ</rt></ruby>ないのでしょう。
B : 왜 안 오는지 모르겠습니다.
A : 시간을 잘못 안 건 아니겠죠?
B : 그럴 리가 없어요. 확실히 말했으니까요.

STEP 4 직접 쓰고 읽어보세요.

어째서인지 설명해 주세요.

➡

상대방이 생각나지 않을 때

STEP 1　날마다 쓰는 베스트 기본문장 따라 읽기

입에
착착!

271.　**당신을 본 기억이 있는데요.**

あなたに見覚えがあるのですが。

아나따니 미오보에가 아루노데스가

272.　**저를 본 기억이 있으세요?**

わたしに見覚えがありますか。

와따시니 미오보에가 아리마스까

273.　**언젠가 뵌 듯한 느낌이 듭니다만.**

いつかお会いしたような気がしますが。

이쯔까 오아이시따요−나 기가 시마스가

274.　**어디선가 뵌 듯한 느낌이 듭니다.**

どこかでお目にかかったような気がします。

도꼬까데 오메니카깟따요−나 기가 시마스

275.　**실례합니다만, 저는 당신을 알고 있는 듯한 느낌이 듭니다.**

失礼ですが、私はあなたを知っているような気がします。

시쯔레−데스가, 와따시와 아나따오 싯떼 이루요−나 기가 시마스

276.　**지난해 여름 도쿄에서 뵌 듯한 기억이 있습니다.**

去年の夏、東京でお会いしたように覚えております。

쿄넨노 나쯔, 도−꾜−데 오아이시따요−니 오보에떼 오리마스

STEP 2 이것만은 꼭 알아두세요.

ようだ(요-다)는 불확실한 단정, 비유, 예시의 용법으로 쓰이는 조동사로 형용동사처럼 활용을 합니다. ようだ(요-다)는 동사와 형용사의 기본형이나 과거형에 접속하며, 형용동사에 접속할 때는 연체형, 즉 〜なようだ(〜나요-다)가 되며, 명사에 접속할 때는 〜のようだ(〜노요-다)의 형태를 취합니다. 또한 회화체에서는 みたいだ(미따이다)의 형태로도 쓰입니다.

STEP 3 실전대화를 해보세요.

A : <u>어디선가 뵌 것 같은데요.</u>
도꼬까데 오아이시따요-나 기가 시마스가

B : わたしもあなたに見覚えがあります。
와따시모 아나따니 미오보에가 아리마스

A : あっ、そうだ、洪さんでしょう。
앗, 소-다, 홍산데쇼-

B : ええ、あっ、わたしも思い出しました。木村さんですね。
에-, 앗, 와따시모 오모이다시마시다. 기무라산데스네

A : どこかでお会いしたような気がしますが。

B : 저도 당신을 본 기억이 있습니다.

A : 앗, 그래, 홍씨이죠?

B : 예, 앗, 저도 생각났습니다. 기무라 씨죠?

STEP 4 직접 쓰고 읽어보세요.

지난해 여름 도쿄에서 뵌 듯한 기억이 있습니다.

➡

Unit 26

상황이 안 좋을 때

학습일

STEP 1 날마다 쓰는 베스트 기본문장 따라 읽기

277. **아무래도 오늘은 좀 이상해요.**
どうも今日は少しおかしいです。
도-모 쿄-와 스꼬시 오까시-데스

278. **오늘은 여느 때와는 다른 것 같습니다.**
今日はいつもと違うようです。
쿄-와 이쯔모또 치가우요-데스

279. **오늘은 좀 상기되어 있는 것 같아.**
今日はちょっとあがっているようだ。
쿄-와 촛또 아갓떼 이루요-다

280. **오늘 도대체 왜 이러지.**
今日はいったいどうしたんだろう。
쿄-와 잇따이 도-시딴다로-

281. **오늘은 아무래도 잘 안돼.**
今日はどうもうまくいかない。
쿄-와 도-모 우마꾸 이까나이

282. **당신, 오늘 좀 이상한 것 같아요.**
あなた、今日ちょっと変わっているようです。
아나따, 쿄- 촛또 가왓떼 이루요-데스

112

STEP 2 이것만은 꼭 알아두세요.

불확실한 단정을 나타내는 ようだ(요-다)는 어떤 것에 대해 그 때의 상황이나 주어진 정보를 바탕으로 하여 불확실하지만 그렇게 볼 수 있는 상황이라는 판단이 설 때 씁니다. 또한 명확한 근거가 없이 지극히 주관적인 판단에 의할 때만 쓰기도 합니다.

STEP 3 실전대화를 해보세요.

A : <u>오늘 도대체 어찌 된 겁니까?</u>
쿄-와 잇따이 도-시딴데스까

B : 今日はちょっとおかしいんですよ。
쿄-와 춋또 오까시인데스요

A : 疲れたんじゃないですか。
쓰까레딴쟈 나이데스까

B : 朝からうまくいかないんです。
아사까라 우마꾸 이까나인데스

A : 今日はいったいどうしたんですか。

B : 오늘은 좀 이상해요.

A : 피곤한 거 아녜요?

B : 아침부터 잘 안 됩니다.

STEP 4 직접 쓰고 읽어보세요.

당신, 오늘 좀 이상한 것 같아요.

➡

길을 물어볼 때

입에
착착!

283. **제가 안내할게요. 따라오세요.**

わたしが案内しましょう。ついて来てください。

와따시가 안나이시마쇼ー. 쓰이떼 기떼 구다사이

284. **제가 지도를 그려드릴게요.**

わたしが地図を書いてあげましょう。

와따시가 치즈오 가이떼 아게마쇼ー

285. **저 신호 바로 앞입니다.**

あの信号の手前です。

아노 싱고ー노 데마에데스

286. **저 빌딩 옆입니다.**

あのビルの側です。

아노 비루노 소바데스

287. **오른쪽으로 돌아서 곧장 가면 있습니다.**

右に曲がって、まっすぐ行ったところです。

미기니 마갓떼, 맛스구 잇따 도꼬로데스

288. **큰 길로 두 번째 교차로까지 가서 왼쪽으로 돌면 나옵니다.**

大通りを二つ目の交差点まで行って、

左に曲がったところです。

오ー도ー리오 후타쯔메노 코ー사뗌마데 잇떼, 히다리니 마갓따 도꼬로데스

STEP 2 이것만은 꼭 알아두세요.

길을 물을 때 많이 쓰이는 패턴으로는 ～へ行く道を教えてください(～에 이꾸 미찌오 오시에떼 구다사이/～으로 가는 길을 가르쳐 주세요)가 있습니다. 일본의 경우는 도로의 표지판이나 주소지 등이 명확하게 정리되어 있어 지도 한 장만 있어도 어디든 원하는 목적지에 혼자서도 찾아갈 수 있습니다. 만약 길을 잘 모르거나 잃었을 때는 지도를 펴보이며 물어봐도 되고 인근 交番(코－방/파출소)에 가서 물어보면 친절하게 안내를 해줍니다.

STEP 3 실전대화를 해보세요.

A : 駅からお宅へはどう行くのですか。
에끼까라 오타꾸에와 도― 이꾸노데스까

B : 改札口を出て、坂を登った突き当りです。
카이사츠쿠찌오 데떼, 사까오 노봇따 쓰끼아따리데스

A : **근처에 표시가 될 만한 곳이 있습니까?**
치카꾸니 메지루시니 나루 도꼬로가 아리마스까

B : 小さな公園があります。
치―사나 코―엥가 아리마스

A : **역에서 댁은 어떻게 갑니까?**

B : **개찰구를 나와 언덕을 오르면 막다른 곳에 있습니다.**

A : 近くに目印になるところがありますか。

B : **작은 공원이 있습니다.**

STEP 4 직접 쓰고 읽어보세요.

오른쪽으로 돌아서 곧장 가면 있습니다.

➡

교통편을 알려줄 때

289. **저와 함께 타세요.**

わたしといっしょに乗ってください。

와따시또 잇쇼니 놋떼 구다사이

290. **전철로도 버스로도 갈 수 있습니다.**

電車でもバスでも行けます。

덴샤데모 바스데모 이께마스

291. **야마노테선을 타세요.**

山手線に乗ってください。

야마노떼센니 놋떼 구다사이

292. **신주쿠역을 경유하는 버스는 모두 거기까지 갑니다.**

新宿駅を経由するバスはみなそこまで行きます。

신쥬꾸에끼오 케–유스루 바스와 미나 소꼬마데 이끼마스

293. **두 번째 역에서 갈아탑니다.**

二つ目の駅で乗り換えます。

후타쯔메노 에끼데 노리까에마스

294. **우에노 공원에 가면 버스를 탈 수 있습니다.**

上野公園に行けばバスに乗れます。

우에노코–엔니 이께바 바스니 노레마스

STEP 2 이것만은 꼭 알아두세요.

정류장이나 역을 물을 때는 電車駅/バス停, タクシー乗り場/はどこですか(덴샤에끼/바스떼-, 타쿠시-노리바/와 도꼬데스까)라고 합니다. 택시를 이용할 때 말이 통하지 않으면 가고 싶은 곳의 주소를 적어서 택시기사에게 주면 됩니다. 택시를 이용할 때는 ～までお願いします(～마데 오네가이시마스/까지 가주세요)라고 기사에게 말하면 목적지까지 실어다 줍니다.

STEP 3 실전대화를 해보세요.

A : お尋ねします。電車で春川へ行けますか。
오타즈네시마스. 덴샤데 춘천에 이께마스까

B : 電車は春川には行きません。
덴샤와 춘천니와 이끼마셍

A : では、 무엇을 탑니까?
데와, 나니니 노루노데스까

B : バスです。バス停まで連れて行ってあげましょう。
바스데스. 바스떼-마데 쓰레떼 잇떼 아게마쇼-

A : 말씀 좀 묻겠습니다. 전철로 춘천에 갈 수 있습니까?
B : 전철은 춘천에는 가지 않습니다.
A : 그럼, 何に乗るのですか。
B : 버스입니다. 버스정류소까지 데려다 드리지요.

STEP 4 직접 쓰고 읽어보세요.

전철로도 버스로도 갈 수 있습니다.

먼저 자리에서 일어나야 할 때

STEP 1 날마다 쓰는 베스트 기본문장 따라 읽기

일에 착착!

295. **급한 일이 있어서요.**

急いでおりますので。

이소이데 오리마스노데

296. **죄송합니다, 급하게 적어야 할 게 있습니다.**

すみません、急ぎの書き物があるんです。

스미마셍, 이소기노 가끼모노가 아룬데스

297. **미안합니다, 급해서요, 먼저 실례할게요.**

すみません、急いでいますので、お先に失礼します。

스미마셍, 이소이데 이마스노데, 오사끼니 시쯔레-시마스

298. **6시에 볼일이 있어서 먼저 실례할게요.**

6時に用事がありますので、お先に失礼します。

로꾸지니 요-지가 아리마스노데, 오사끼니 시쯔레-시마스

299. **급한 일이 있어서 가볼게요.**

急用がありますので、失礼します。

큐-요-가 아리마스노데, 시쯔레-시마스

300. **7시에 약속이 있어서 실례하겠습니다.**

7時に約束がありますので、失礼させて

いただきます。

시찌지니 약소꾸가 아리마스노데, 시쯔레-사세떼 이따다끼마스

STEP 2 이것만은 꼭 알아두세요.

ので(노데)는 활용어에 접속하여 から(까라)와 마찬가지로 두 개의 문장을 이어주거나 또는 앞의 문장이 뒤의 문장의 원인이나 이유를 나타냅니다. 그러나 から(까라)가 주관적인 원인, 이유인데 반해, ので(노데)는 객관적인 원인이나 이유를 나타냅니다. 또, ので(노데)는 구어체에서 んで(ㄴ데)로 발음이 변하기도 하며, から(까라)보다 부드러운 느낌을 주기 때문에 강한 표현을 피하려는 여자들이 많이 씁니다. ので(노데)가 명사나 형용동사에 접속할 때는 なので(나노데)의 형태를 취합니다.

STEP 3 실전대화를 해보세요.

A : ちょっと相談したいことがありますが。
촛또 소-단시따이 고또가 아리마스가

B : ごめんなさい。 **급한 용무가 있어 금방 나가야 합니다.**
고멘나사이. 이마 이소기노 요-지데, 스구 데카께나께레바 나라나인데스

A : じゃ、 また今度にしましょう。
쟈, 마따 곤도니 시마쇼-

B : そうですね。 夜にお電話をください。
소-데스네. 요루니 오뎅와오 구다사이

A : 잠시 의논할 게 있는데요.
B : 미안합니다. いま急ぎの用事で、 すぐ出かけなければ
ならないんです。
A : 그럼, 다음에 하죠.
B : 그래요. 밤에 전화 주십시오.

STEP 4 직접 쓰고 읽어보세요.

미안합니다, 급해서요, 먼저 실례할게요.

➡

학습일

손님을 안내할 때

STEP 1 날마다 쓰는 베스트 기본문장 따라 읽기

입에 착착!

---

301. **안으로 들어오세요.**

なか
中へどうぞ。

나까에 도-조

---

302. **자, 따라오세요.**

き
どうぞ、ついて来てください。

도-조, 쓰이떼 기떼 구다사이

---

303. **자, 응접실로 들어오십시오.**

おうせつ ま   はい
どうぞ、応接間へお入りください。

도-조, 오-세쯔마에 오하이리 구다사이

---

304. **안내해 드리지요.**

あんない
ご案内いたしましょう。

고안나이 이따시마쇼-

---

305. **책임자한테 모셔다 드리겠습니다. 가시죠.**

せきにんしゃ   つ
責任者のところへお連れします。どうぞ。

세낀닌샤노 도꼬로에 오쓰레시마스. 도-조

---

306. **따라오세요. 안내해 드리겠습니다.**

き   あんない
ついて来てください。ご案内します。

쓰이떼 기떼 구다사이. 고안나이시마스

120

STEP 2　이것만은 꼭 알아두세요.

의뢰나 요구의 표현인 ～てください(～떼 구다사이)를 존경 표현으로는 만들 때는 「お(오)＋동사의 중지형＋ください(구다사이)」로 나타냅니다.

참고로 ほしい(호시ー)는 「어떤 것을 자기 것으로 하고 싶다」는 뜻으로 쓰이는 말이지만, 다른 동사 뒤에서 ～てほしい(～떼 호시ー)의 형태로 쓰이면 「상대방이 그런 행동을 해 주었으면 좋겠다」는 뜻을 나타냅니다. ～てください(～떼 구다사이)가 직접적인 행동의 요구표현이라면, ～てほしい(～떼 호시ー)는 그 행동을 해 주는 것을 받았으면 좋겠다는 뜻으로 쓰입니다.

STEP 3　실전대화를 해보세요.

A :　ソウルの洪吉童です。岡田部長と三時にお会いすることになっておりますが。

소우루노 홍길동데스. 오까다 부쬬ー또 산지니 오아이스루 고또니 낫떼 오리마스가

B :　はい、お待ちしておりました。

하이, 오마찌시떼 오리마시다

A :　遅くなって申し訳ございません。

오소꾸낫떼 모ー시와께 고자이마셍

B :　いいえ、**부장실로 안내해 드리겠습니다. 자, 이쪽으로 오시죠.**

이ー에, 부쬬ー시쓰에 고안나이 이따시마스. 도ー조, 고찌라에

A :　서울에서 온 홍길동입니다. 오카다 부장님과 3시에 뵙기로 되어 있습니다만.

B :　네, 기다리고 있었습니다.

A :　늦어서 죄송합니다.

B :　아니오, 部長室へご案内いたします。どうぞ、こちらへ。

STEP 4　직접 쓰고 읽어보세요.

자, 응접실로 들어오십시오.

➡

다른 사람이 부를 때

입에 착착!

307. **네, 지금 곧 갑니다.**

はい、今すぐ行きます。

하이, 이마 스구 이끼마스

---

308. **먼저 시작하세요. 곧 갈게요.**

先に始めてください。すぐ行きます。

사끼니 하지메떼 구다사이. 스구 이끼마스

---

309. **나를 기다리지 마세요. 좀더 이따가 갈게요.**

私を待たないでください。もう少しして行きます。

와따시오 마따나이데 구다사이. 모- 스꼬시 시떼 이끼마스

---

310. **방을 치우면 곧장 갈게요.**

部屋を片づけたら、すぐ行きます。

헤야오 카따즈케따라, 스구 이끼마스

---

311. **편지가 도착하면 곧장 가지고 올게요.**

手紙が届いたら、すぐ持って来ます。

데가미가 토도이따라, 스구 못떼 기마스

---

312. **모두 기다리고 있으니까 일이 끝나는 대로 곧장 오세요.**

みんなで待ってますから、
仕事が終わりしだいすぐ来てください。

민나데 맛떼마스까라, 시고또가 오와리시다이 스구 기떼 구다사이

STEP 2 이것만은 꼭 알아두세요.

から(까라)는 여러 가지 용법이 있으나, 활용어에 접속하여 쓰일 때는 「～하기 때문에, ～하니까」의 뜻으로 두 개의 문장을 이어주기도 하고, 또 앞의 문장이 뒤의 문장의 원인이나 이유를 나타냅니다. から(까라)는 주로 주관적인 원인, 이유를 나타내며, 뒤에 희망 표현이나 명령, 요구, 의지를 나타내는 말이 옵니다. から(까라)가 명사나 형용동사에 접속할 때는 だから(다까라)의 형태를 취합니다.

STEP 3 실전대화를 해보세요.

A : いつ来るんですか。
이쯔 구룬데스까

B : **금방 갈게요.**
스구 이끼마스

A : じゃ、待っています。
쟈, 맛떼 이마스

B : はい、いますぐ行きます。
하이, 이마 스구 이끼마스

A : 언제 옵니까?
B : すぐ行きます。
A : 그럼, 기다리고 있을게요.
B : 네, 지금 바로 갈게요.

STEP 4 직접 쓰고 읽어보세요.

먼저 시작하세요. 곧 갈게요.

➡

학습일

이미 충분함을 표현할 때

입에
착착!

313.   **배불리 먹었습니다.**

おなかいっぱいいただきました。

오나까 입빠이 이따다끼마시다

---

314.   **충분히 많이 먹었습니다.**

ずいぶんたくさん食べました。

즈이분 닥산 다베마시다

---

315.   **이제 충분합니다.**

もうじゅうぶんです。

모- 쥬-분데스

---

316.   **차도 음식도 충분히 먹었습니다.**

お茶も料理もじゅうぶんいただきました。

오챠모 료-리모 쥬-붕 이따다끼마시다

---

317.   **이제 더 이상 먹을 수 없습니다.**

もうこれ以上食べられません。

모- 고레 이죠- 다베라레마셍

---

318.   **충분히 먹었습니다. 이제 됐습니다.**

ずいぶんいただきました。もうけっこうです。

즈이붕 이따다끼마시다. 모- 겍꼬-데스

STEP 2 이것만은 꼭 알아두세요.

우리말에서 「됐습니다」의 의미로 사용되는 일본어의 けっこうです(겍꼬-데스)는 사무적으로 쓰이는 경우가 많습니다. 따라서 けっこうです(겍꼬-데스)라는 말에 거절의 의미를 담을 경우 그 정도가 좀 강하므로 사용법에 신경을 써야 합니다. 완곡하게 거절할 때는 정중하게 申し訳ありませんが(모-시와께 아리마셍가/죄송합니다만)라고 말하는 게 좋습니다.

STEP 3 실전대화를 해보세요.

A : 料理をあまり召し上がってませんね。
료-리오 아마리 메시아갓떼마센네

B : **많이 먹었습니다.**
즈이분 다베마시따요

A : もう少しどうぞ。
모- 스꼬시 도-조

B : もうだめです。食べすぎました。
모- 다메데스. 다베스기마시다

A : 요리를 별로 안 드시는군요.
B : ずいぶん食べましたよ。
A : 좀더 드세요.
B : 이제 안 됩니다. 너무 많이 먹었습니다.

STEP 4 직접 쓰고 읽어보세요.

충분히 먹었습니다. 이제 됐습니다.

➡

학습일

주의를 환기 시킬 때

STEP 1 날마다 쓰는 베스트 기본문장 따라 읽기

입에 착착!

319. **발밑을 조심하세요.**

足下に気をつけてください。

아시모또니 기오 쓰께떼 구다사이

---

320. **길이 미끄러우니 조심하세요.**

道が滑りますから、気をつけてください。

미찌가 스베리마스까라, 기오 쓰께떼 구다사이

---

321. **어두워지니 조심하세요.**

暗くなりますから、気をつけてください。

구라꾸 나리마스까라, 기오 쓰께떼 구다사이

---

322. **길이 나쁩니다. 넘어지지 않도록 조심하세요.**

道が悪いです。転ばないように気をつけてください。

미찌가 와루이데스. 고로바나이요-니 기오 쓰께떼 구다사이

---

323. **부딪치지 않도록 조심하세요.**

ぶつからないように気をつけてください。

부쓰까라나이요-니 기오 쓰께떼 구다사이

---

324. **더우니 몸조심해야 합니다.**

暑いから体に気をつけなければなりません。

아쯔이까라 가라다니 기오 쓰께나께레바 나리마셍

STEP 2 이것만은 꼭 알아두세요.

상대가 잘못된 행동을 하고 있을 때, 또는 말의 실수나 정도가 지나칠 때 주의와 충고를 하게 됩니다. 보통 주의를 줄 때 쓰이는 표현이 気をつけて(기오 쓰케떼/ 조심해요)라고 합니다. 또한 상대가 잘못을 했을 때는 따끔하게 꾸짖는 것도 잊지 말도록 합시다. 반대로 상대에게 주의나 질책을 받았을 때 적절한 변명과 사과를 하는 법도 함께 익혀두면 좋습니다.

STEP 3 실전대화를 해보세요.

A : **조심해서 가세요.**
기오 쓰께떼 잇떼 구다사이

B : はい、大丈夫です。
하이, 다이죠-부데스

A : あ、そこが汚れています。踏まないように。
아, 소꼬가 요고레떼 이마스. 후마나이요-니

B : ほんとうだ。もう少しで踏むところでした。
혼또-다. 모- 스꼬시데 후무 도꼬로데시다

A : 気をつけて行ってください。

B : 네, 괜찮습니다.

A : 아, 거기가 더럽네요. 밟지 않도록 하세요.

B : 정말이네. 하마터면 밟을 뻔 했습니다.

STEP 4 직접 쓰고 읽어보세요.

길이 미끄러우니 조심하세요.

➡

127

중요한 일을 잊었을 때

STEP 1 날마다 쓰는 베스트 기본문장 따라 읽기

입에 착착!

325. **그 일은 기억하고 있지 않습니다.**

そのことは覚ぼえていません。

소노 고또와 오보에떼 이마셍

326. **그 일은 기억에 없습니다.**

そのことは記憶にありません。

소노 고또와 기오꾸니 아리마셍

327. **그 일은 깡그리 잊고 있었습니다.**

そのことはすっかり忘れていました。

소노 고또와 슥까리 와스레떼 이마시다

328. **그에게 전하는 것을 잊고 있었습니다.**

彼に伝えるのを忘れていました。

카레니 쓰따에루노오 와스레떼 이마시다

329. **아뿔싸, 생각이 안 납니다.**

困った、思い出しません。

고맛따, 오모이다시마셍

330. **미안합니다, 전하는 말씀을 잊어버렸습니다.**

すみません、お言付けのことを忘れてしまいました。

스미마셍. 오코또즈께노 고또오 와스레떼 시마이마시다

STEP 2 이것만은 꼭 알아두세요.

～てしまう(～떼 시마우)의 しまう(시마우)는 본동사로는 「끝내다, 파하다, 치우다」
의 뜻을 나타내지만, 동사의 て(테)형에 접속하여 ～てしまう(～떼 시마우)처럼 보
조동사로 쓰이면 「～해 버리다, 다 ～하다」의 뜻으로 동작의 완료나 종결을 나타
내거나, 말하는 사람의 후회를 나타내거나 합니다. 또한, 회화체에서는 ～てしまう
(～떼 시마우)를 줄여서 ～ちゃう(～챠우)로도 많이 쓰입니다.

STEP 3 실전대화를 해보세요.

A : あの本を持ってきましたか。
아노 홍오 못떼 기마시다까

B : **아차, 잊었습니다.**
시맛따, 와스레마시다

A : じゃ、もういいですよ。
쟈, 모― 이―데스요

B : いいえ、いいえ、あした必ず持ってきます。
이―에, 이―에, 아시따 가나라즈 못떼 기마스

A : 그 책을 가지고 왔습니까?
B : しまった、忘れました。
A : 그럼, 이제 됐어요.
B : 아니, 아니, 내일 꼭 갖고 올게요.

STEP 4 직접 쓰고 읽어보세요.

그 일은 깡그리 잊고 있었습니다.

➡

능력이 안 됨을 나타낼 때

| STEP 1 | 날마다 쓰는 베스트 기본문장 따라 읽기 |

입에
착착!

331. **조금도 못합니다.** ☐ ☐ ☐

少しもできません。

스꼬시모 데끼마셍

332. **담배는 못 피웁니다.** ☐ ☐ ☐

たばこは吸えません。

다바꼬와 스에마셍

333. **독한 술은 못 마십니다.** ☐ ☐ ☐

強い酒は飲めません。

쓰요이 사께와 노메마셍

334. **저는 그다지 일본어를 하지 못합니다.** ☐ ☐ ☐

わたしはあまり日本語が話せません。

와따시와 아마리 니홍고가 하나세마셍

335. **마작은 전혀 못합니다.** ☐ ☐ ☐

マージャンは全然できません。

마-쟝와 젠젠 데끼마셍

336. **일본 노래는 조금 부릅니다.** ☐ ☐ ☐

日本の歌は少し歌えます。

니혼노 우따와 스꼬시 우따에마스

STEP 2　이것만은 꼭 알아두세요.

できる(데끼루)는 「할 수 있다」의 뜻을 가진 가능동사로도 쓰이며, 「완성되다, 생기다」의 뜻으로도 쓰입니다. 우리말의 「할 수 있다」에 해당하는 일본어 표현은 동사의 기본형에 ことができる(고또가 데끼루)를 접속하여 나타내는 경우와 동사를 가능형으로 표현하는 경우가 있습니다. 5단동사의 가능형은 어미 う(우)단을 え(에)단으로 바꾸고 동사임을 결정하는 る(루)를 접속하여 하1단동사를 만들면 됩니다. 가능동사의 경우 가능의 대상어 앞에는 조사 を를 쓰지 않고 が를 쓴다는 점에 유의해야 합니다.

STEP 3　실전대화를 해보세요.

A : たばこをどうぞ。
다바꼬오 도-조

B : すみません。　**저는 못 피웁니다.**
스미마셍. 와따시와 스에나인데스

A : では、 コーヒーはどうですか。
데와, 코-히-와 도-데스까

B : はい、 お願いいたします。
하이, 오네가이 이따시마스

A : 담배 피우시겠어요?
B : 미안합니다. わたしは吸えないんです。
A : 그럼, 커피는 어떠세요?
B : 네, 주세요.

STEP 4　직접 쓰고 읽어보세요.

저는 그다지 일본어를 하지 못합니다.

➡

131

상대의 말을 못 알아들을 때

337. **잘 모르겠습니다.**

よくわかりません。

요꾸 와까리마셍

338. **말씀하시는 것을 모르겠습니다.**

おっしゃることがわかりません。

옷샤루 고또가 와까리마셍

339. **절반 정도 알았습니다.**

半分ぐらいわかりました。

함붕구라이 와까리마시다

340. **조금밖에 모르겠습니다.**

少ししかわかりません。

스꼬시시까 와까리마셍

341. **전혀 모르겠습니다.**

全然わかりません。

젠젱 와까리마셍

342. **아직 좀 확실하지 않는 게 있습니다.**

まだ少しはっきりしないところがあります。

마다 스꼬시 학끼리시나이 도꼬로가 아리마스

STEP 2   이것만은 꼭 알아두세요.

부드럽게 대화를 이끌어 나가기 위해서는 무엇보다도 상대방에게 동의를 구한다
거나, 또는 듣는 사람은 이에 적절하게 동의를 표현하는 것이 중요합니다.
상대에게 동의를 구할 때는 わかりましたか(와까리마시다까/알았습니까?)라고 하
며, よくわかりません(요꾸 와까리마셍/잘 모릅니다)은 상대가 말한 것에 대해 잘
모를 때 쓰는 표현입니다.

STEP 3   실전대화를 해보세요.

A : あなたは中国語がわかりますか。
     아나따와 츄－고꾸고가 와까리마스까

B : **모릅니다. 홍씨라면 알 겁니다.**
     와까리마셍. 홍산나라 와까리마스

A : 洪さんはどこにおりますか。
     홍상와 도꼬니 오리마스까

B : 知りません。金さんに聞いてください。
     시리마셍. 김산니 기이떼 구다사이

A : 당신은 중국어를 압니까?

B : わかりません、洪さんならわかります。

A : 홍씨는 어디에 계십니까?

B : 모릅니다. 김씨에게 물으세요.

STEP 4   직접 쓰고 읽어보세요.

전혀 모르겠습니다.

➡

상대방의 말을 알아들었을 때

입에
착착!

343. **거의 알았습니다.**

ほとんどわかりました。

호똔도 와까리마시다

---

344. **알겠습니다. 내일 반드시 가겠습니다.**

わかりました。あすかならず行きます。

와까리마시다. 아스 가나라즈 이끼마스

---

345. **이만하면 대충 알겠습니다.**

これで大体わかりました。

고레데 다이따이 와까리마시다

---

346. **알겠습니다. 그와 의논할게요.**

わかりました。彼と相談します。

와까리마시다. 카레또 소-단시마스

---

347. **어쩐지 알겠습니다.**

何となくわかります。

난또나꾸 와까리마스

---

348. **충분히 알겠습니다.**

じゅうぶんに了解しました。

쥬-분니 료-까이시마시다

STEP 2 이것만은 꼭 알아두세요.

わかりましたか(와까리마시다까/알았습니까?)는 상대가 이야기를 정확히 이해하고 있는지를 물을 때 쓰는 표현입니다. 반대로 わかりました(와까리마시다/알았습니다)는 상대가 말한 것에 대해 이해하고 있는가를 확인할 때의 응답 표현으로써 보통체는 わかった(와캇따/알았다)입니다. 또한 わかった、わかった(와캇따, 와캇따)상대에게 똑 같은 말을 몇 번이고 반복해서 들을 때 귀찮다는 듯이 알았다고 말을 저지할 때 쓰이는 표현입니다.

STEP 3 실전대화를 해보세요.

A : わたしの言うことはわかりましたか。
와따시노 이우 고또와 와까리마시다까

B : **알았습니다.**
와까리마시다

A : じゃ、お手数をおかけします。
쟈, 오테스-오 오카께시마스

B : はい、わたしが彼女に話しておきます。
하이, 와따시가 가노죠니 하나시떼 오끼마스

A : 제가 말하는 것을 알겠습니까?

B : わかりました。

A : 그럼, 수고 좀 해주세요.

B : 네, 제가 그녀에게 말해두겠습니다.

STEP 4 직접 쓰고 읽어보세요.

충분히 알겠습니다.

➡

135

사과의 메시지를 전할 때

| STEP 1 | 날마다 쓰는 베스트 기본문장 따라 읽기 |

349. 정말로 죄송합니다, 잊고 있었습니다. ☐ ☐ ☐

ほんとうに申し訳ありません、忘れていました。

혼또-니 모-시와께 아리마셍, 와스레떼 이마시다

350. 죄송합니다. 저는 갈 수 없습니다. ☐ ☐ ☐

申し訳ありません、わたしは行けません。

모-시와께 아리마셍, 와따시와 이께마셍

351. 죄송합니다, 급한 일이 생겨서 갈 수가 없습니다. ☐ ☐ ☐

申し訳ありません、急用ができて、行くことができません。

모-시와께 아리마셍, 큐-요가 데끼떼, 이꾸 고또가 데끼마셍

352. 미안합니다. 정말로 안 됩니다. ☐ ☐ ☐

すみません、ほんとうにだめなんです。

스미마셍, 혼또-니 다메난데스

353. 틀렸습니다. 죄송합니다. ☐ ☐ ☐

間違えました、申し訳ありません。

마찌가에마시다, 모-시와께 아리마셍

354. 몇 차례 시도했습니다만, 도저히 할 수 없습니다. 죄송합니다. ☐ ☐ ☐

何回も試しましたが、どうしてもできません。
申し訳ありません。

낭까이모 다메시마시따가, 도-시떼모 데끼마셍. 모-시와께 아리마셍

136

STEP 2 이것만은 꼭 알아두세요.

상대방에게 실수나 잘못을 하여 사죄나 사과를 할 때는 보통 すみません(스미마셍/미안합니다), ごめんなさい(고멘나사이/미안합니다)가 가장 일반적이며, 이보다 더욱 정중하게 사죄를 할 때는 申し訳ありません(모-시와께 아리마셍/죄송합니다)이라고 합니다. すみません(스미마셍)은 잘못이나 실수를 가볍게 사과를 할때 쓰이는 인사 표현으로, 이에 대한 응답 표현은 보통 いいですよ(이-데스요/괜찮아요)라고 합니다.

STEP 3 실전대화를 해보세요.

A : **죄송합니다. 늦고 말았습니다.**
모-시와께 아리마셍 오꾸레떼 시마이마시다

B : いいえ、 かまいません。
이-에, 가마이마셍

A : ずいぶんお待たせして、 恐縮です。
즈이붕 오마따세시떼, 쿄-슈꾸데스

B : いいえ、 いいえ、 わたしも今来たばかりです。
이-에, 이-에, 와따시모 이마 기따 바까리데스

A : 申し訳ありません。 遅れてしまいました。
B : 아니오, 괜찮습니다.
A : 너무 기다리게 해서 죄송합니다.
B : 아니오, 저도 방금 왔습니다.

STEP 4 직접 쓰고 읽어보세요.

죄송합니다, 급한 일이 생겨서 갈 수가 없습니다.

➡

의견을 제시할 때

355. **이 문제는 재고해 주실 수 없을까요?**

この問題は再考願えないでしょうか。

고노 몬다이와 사이꼬- 네가에나이데쇼-까

356. **의견을 말씀드리겠습니다.**

意見を述べさせていただきます。

이껭오 노베사세떼 이따다끼마스

357. **이 견해는 다시 한 번 생각할 필요가 있을 것 같습니다.**

この見方はもう一度考える必要があると思います。

고노 미까따와 모- 이찌도 강가에루 히쯔요-가 아루또 오모이마스

358. **여기 글자는 고칠 수 없을까요?**

ここの文字は直せないでしょうか。

고꼬노 모지와 나오세나이데쇼-까

359. **당신에게 잠깐 말해두고 싶은 게 있습니다.**

あなたにちょっと話しておきたいことがあります。

아나따니 촛또 하나시떼 오끼따이 고또가 아리마스

360. **제 견해를 말씀드리고자 합니다.**

わたしの見方を述べたいと思います。

와따시노 미카따오 노베따이또 오모이마스

STEP 2 이것만은 꼭 알아두세요.

~させてもらう(~사세떼 모라우)는 직역하면 「~시켜서 받다」로 해석되지만, 이것은 자신에게 어떤 행동을 할 기회를 달라는 뜻으로 정중한 표현은 ~させていただく(~사세떼 이따다꾸)입니다. 또, ~させてもらう(~사세떼 모라우)는 다른 사람의 허가를 얻어서 비로소 행동하는 듯한 느낌을 주지만, 실제로는 자신의 의지를 강하게 나타내는 표현입니다.

STEP 3 실전대화를 해보세요.

A : ちょっと 의논드리고 싶은 문제가 있는데요.
　　촛또 고소-단시따이 몬다이가 아루노데스가

B : どんなことでしょうか。
　　돈나 고또데쇼-까

A : この書類は少し直せないでしょうか。
　　고노 쇼루이와 스꼬시 나오세나이데쇼-까

B : そうですか。 どこをですか。
　　소-데스까. 도꼬오데스까

A : 잠시 ご相談したい問題があるのですが。
B : 어떤 일입니까?
A : 이 서류를 좀 고칠 수 없을까요?
B : 그래요? 어디를 말입니까?

STEP 4 직접 쓰고 읽어보세요.

제 견해를 말씀드리고자 합니다.

➡

날씨에 대해 말할 때

STEP 1 날마다 쓰는 베스트 기본문장 따라 읽기

입에 착착!

361. **날씨가 좋군요.**

いいお天気ですね。

이- 오텡끼데스네

---

362. **덥군요.**

暑いですね。

아쯔이데스네

---

363. **시원해서 기분이 좋군요.**

涼しくて気持ちがいいですね。

스즈시꾸떼 기모찌가 이-데스네

---

364. **내일 일기예보는 어때요?**

あすの天気予報はどうですか。

아스노 텡끼요호-와 도-데스까

---

365. **내일은 맑겠습니다.**

あすは晴れるでしょう。

아스와 하레루데쇼-

---

366. **비가 내릴 것 같군요.**

雨が降りそうですね。

아메가 후리소-데스네

STEP 2 이것만은 꼭 알아두세요.

일본은 국토가 길어서 남북이 기후가 달라 지방에 따라서 기후에 관한 인사 표현이 다양합니다. 평상시에 이웃들과 나누는 기본적인 인사인 おはよう, こんにちは, こんばんは(오하요–, 곤니찌와, 곰방와)만으로 질리면 날씨에 관한 인사를 다양하게 알아두어 멋진 일본어를 구사하도록 합시다. 예를 들어 겨울에 사람을 만났을 때 하는 인사말로는 寒いですね(사무이데스네/춥군요) 등이 있습니다.

STEP 3 실전대화를 해보세요.

A : **정말 덥군요.**
혼또–니 아쯔이데스네

B : そうですね、今日はどうしてこんなに暑いでしょう。
소–데스네, 쿄–와 도–시떼 곤나니 아쯔이데쇼–

A : 冷房のきいた喫茶店に行きましょう。
레–보–노 기이따 깃사뗀니 이끼마쇼–

B : いい考えですね。
이– 강가에데스네

A : ほんとうに暑いですね。
B : 그렇군요. 오늘은 왜 이리 덥죠?
A : 냉방이 잘된 다방에 갑시다.
B : 좋은 생각이군요.

STEP 4 직접 쓰고 읽어보세요.

내일 일기예보는 어때요?

➡

컨디션이 좋지 않을 때

| STEP 1 | 날마다 쓰는 베스트 기본문장 따라 읽기 |

입에 착착!

367. 배가 아픕니다. ☐ ☐ ☐

おなかの具合が悪いんです。

오나까노 구아이가 와루인데스

368. 몸이 나른합니다. ☐ ☐ ☐

体がだるいです。

가라다가 다루이데스

369. 몸 여기저기가 아픕니다. ☐ ☐ ☐

体のふしぶしが痛いです。

가라다노 후시부시가 이따이데스

370. 한기가 듭니다. ☐ ☐ ☐

寒気がします。

사무께가 시마스

371. 배가 아파서 병원에 다녀오겠습니다. ☐ ☐ ☐

おなかの具合が悪いので病院に行ってきます。

오나까노 구아이가 와루이노데 뵤―인니 잇떼 기마스

372. 오늘 감기가 들어 컨디션이 안 좋습니다. ☐ ☐ ☐

今日、風邪を引いて気分がすぐれません。

쿄―, 카제오 히이떼 기붕가 스구레마셍

142

STEP 2 이것만은 꼭 알아두세요.

건강은 무엇으로도 바꿀 수 없는 아주 소중한 것입니다. 평소에 자신의 건강관리에 힘쓰도록 합시다. 상대의 건강 안 좋아 보일 때는 ご気分でも悪いんですか(고키분데모 와루인데스까/어디 편찮으세요?)라고 물어봅시다. 상대가 자신의 건강에 대해서 신경을 써주면 그만큼 자신에 관심이 있다는 것을 나타내므로 무척 고마운 일이 아닐 수 없습니다. 이럴 때는 먼저 감사를 표시하고 자신의 건강상태를 말합시다.

STEP 3 실전대화를 해보세요.

A : **すこし気分が悪いんです。**
스꼬시 기붕가 와루인데스

B : **どこが悪いのですか。**
도꼬가 와루이노데스까

A : **약간 두통이 있고 열이 있는 것 같습니다.**
스꼬시 즈쓰−가 시떼, 네쯔가 아루요−데스

B : **おそらく風邪でしょう。早く薬を飲みなさいよ。**
오소라꾸 카제데쇼−. 하야꾸 구스리오 노미나사이요

A : **몸이 좀 안 좋습니다.**

B : **어디가 안 좋습니까?**

A : **少し頭痛がして、熱があるようです。**

B : **아마 감기일 겁니다. 빨리 약을 먹으세요.**

STEP 4 직접 쓰고 읽어보세요.

오늘 감기가 들어 컨디션이 안 좋습니다.

➡

음식 맛이 좋을 때

STEP 1   날마다 쓰는 베스트 기본문장 따라 읽기

입에
착착!

373. **정말로 맛있어요.**

ほんとうにおいしいです。

혼또−니 오이시−데스

374. **맛이 무척 좋네요.**

とてもいい味です。

도떼모 이− 아지데스

375. **이렇게 맛있는 것은 처음입니다.**

こんなにおいしいものははじめてです。

곤나니 오이시− 모노와 하지메떼데스

376. **이 스프 맛은 또한 각별합니다.**

このスープの味はまた格別です。

고노 스−뿌노 아지와 마따 카꾸베쯔데스

377. **이건 뭐라고 말할 수 없는 맛이군요.**

これは何とも言えない味ですね。

고레와 난또모 이에나이 아지데스네

378. **이 고기만두는 맛있어 보이네요.**

この肉まんじゅうはおいしそうです。

고노 니꾸만쥬−와 오이시소−데스

STEP 2 이것만은 꼭 알아두세요.

そうだ(소–다)는 「금방이라도 ~할 것 같다/듯하다」 또는 「그렇게 보인다」라는 뜻을 나타내는데, 확인하지는 못하지만 외견상 판단해서 그런 성질이나 상태가 추측된다는 것을 나타냅니다. 따라서 말하는 사람의 주관적인 판단에 의한 것이 많습니다. ～そうに(も)ない(~소–니(모) 나이)는 동사에 접속하여 쓰이는 양태의 そうだ(소–다)의 부정형으로 「~할 것 같지(도) 않다」의 뜻을 나타냅니다.

STEP 3 실전대화를 해보세요.

A : お口に合いますか。
오쿠찌니 아이마스까

B : おいしいです。 **제 입에 잘 맞습니다.**
오이시–데스. 와따시노 구찌니 요꾸 아이마스

A : この魚のスープはいかがでしょうか。
고노 사까나노 스–푸와 이까가데쇼–까

B : 味は格別です。
아지와 카꾸베쯔데스

A : 입에 맞습니까?

B : 맛있습니다. わたしの口によく合います。

A : 이 생선수프는 어떤가요?

B : 맛이 특별합니다.

STEP 4 직접 쓰고 읽어보세요.

이렇게 맛있는 것은 처음입니다.

➡

호의를 받아드릴 때

| STEP 1 | 날마다 쓰는 베스트 기본문장 따라 읽기 |

379. 그럼, 신세를 지겠습니다.

では、ご面倒をおかけします。

데와, 고멘도-오 오카께시마스

380. 고맙게 생각하고 신세를 지겠습니다.

お言葉に甘えましてお世話になります。

오코또바니 아마에마시떼 오세와니 나리마스

381. 그럼 부탁드립니다.

それではお頼みします。

소레데와 오타노미시마스

382. 모처럼이니까 거절하지 않겠습니다.

せっかくですから、おことわりしません。

섹카꾸데스까라, 오코또와리시마셍

383. 호의를 거절할 수도 없으니 받겠습니다.

ご好意をおことわりするわけにもいかないので、
ちょうだいいたします。

고코-이오 오코또와리스루 와께니모 이까나이노데, 쵸-다이 이따시마스

384. 그럼 고맙게 생각하고 댄스파티에 가겠습니다.

それではご好意に甘えてダンスパーティーに参ります。

소레데와 고코-이니 아마에떼 단스파-티-니 마이리마스

STEP 2   이것만은 꼭 알아두세요.

일본어 겸양 표현은 단어 자체가 겸양어인 것도 있지만, 일반적으로 동사의 중지형 앞에 접두어 お/ご를(오/고) 붙이고, 중지형 뒤에 する(스루)를 접속하여 만듭니다. お~する(오~스루)는 경우에 따라「~해 드리다」로 해석되는 경우가 많아 ~てあげる(~떼 아게루)로 표현하기 쉬우나, 이것은 상대에게 은혜를 베푸는 것 같은 느낌을 주므로 실례가 되는 경우가 많습니다. 따라서 이럴 때는 お~する(오~스루)로 쓰는 것이 적합합니다.

STEP 3   실전대화를 해보세요.

A : 今夜はほんとうに気持ちよく飲みました。
공야와 혼또-니 기모찌요꾸 노미마시다

B : もう遅いですから、そろそろお休みにならなくては。
모- 오소이데스까라, 소로소로 오야스미니 나라나쿠떼와

A : めったにお見えにならないんだから、もう少しやりましょうよ。
멧따니 오미에니 나라나인다까라, 모- 스꼬시 야리마쇼-요

B : じゃ、　호의를 받아들이지요.
쟈, 오코또바니 아마에사세떼 이따다끼마쇼-

A : 오늘밤 정말로 기분 좋게 마셨습니다.
B : 이제 늦었으니 슬슬 끝내야겠어요.
A : 좀처럼 뵙지 못하니 더 합시다.
B : 그럼, お言葉にあまえさせていただきましょう。

STEP 4   직접 쓰고 읽어보세요.

모처럼이니까 거절하지 않겠습니다.

자신의 책임이 아님을 표현할 때

STEP 1 날마다 쓰는 베스트 기본문장 따라 읽기

385. **이건 제 탓이 아닙니다.** ☐ ☐ ☐

これはわたしのせいではありません。

고레와 와따시노 세-데와 아리마셍

---

386. **이것은 저와는 상관이 없습니다.** ☐ ☐ ☐

このことはわたしとは関係_{かんけい}がありません。

고노 고또와 와따시또와 강께-가 아리마셍

---

387. **이건 제 책임이 아닙니다.** ☐ ☐ ☐

これはわたしの責任_{せきにん}ではありません。

고레와 와따시노 세끼닌데와 아리마셍

---

388. **이 일에 대해서는 저는 아무런 책임도 지지 않습니다.** ☐ ☐ ☐

このことについては、私_{わたし}はどんな責任_{せきにん}も負_おいません。

고노 고또니 쓰이떼와, 와따시와 돈나 세끼님모 오이마셍

---

389. **이건 제가 한 것이 아닙니다.** ☐ ☐ ☐

これはわたしがやったのではありません。

고레와 와따시가 얏따노데와 아리마셍

---

390. **확인해 보세요. 저에게는 책임이 없으니까요.** ☐ ☐ ☐

調_{しら}べてください。わたしには責任_{せきにん}がありませんから。

시라베떼 구다사이. 와따시니와 세끼닝가 아리마셍까라

STEP 2 이것만은 꼭 알아두세요.

~のせいにする(~노 세이니 스루)는 우리말의 「~의 탓으로 하다」의 뜻으로, 상대에게 혹은 자신의 탓으로 모든 것을 돌릴 때 많이 쓰이는 표현입니다. 이럴 때는 わたしのせいにしないでください(와따시노 세이니 시나이데 구다사이/내 탓으로 돌리지 말아요)라고 말하면 됩니다.

STEP 3 실전대화를 해보세요.

A : なぜあれを持ってこなかったのですか。
나제 아레오 못떼 고나깟따노데스까

B : **그건 제 실수가 아닙니다.**
소레와 와따시노 데오찌데와 아리마셍

A : どうしてですか。
도ー시떼데스까

B : あなたが持ってこなくていいと言ったじゃないですか。
아나따가 못떼 고나쿠떼 이ー또 잇따쟈 나이데스까

A : **왜 그것을 갖고 오지 않았습니까?**

B : それはわたしの手落ちではありません。

A : **어째서이죠?**

B : **당신이 가지고 오지 않아도 된다고 말했잖습니까?**

STEP 4 직접 쓰고 읽어보세요.

이것은 저와는 상관이 없습니다.

➡

149

학습일

상대방의 잘못을 지적할 때

STEP 1 날마다 쓰는 베스트 기본문장 따라 읽기

임에 착착!

391. **그건 안 돼요.**

それはいけませんよ。

소레와 이께마셍요

392. **이건 너무나도 무책임합니다.**

これはあまりにも無^む責任^{せきにん}です。

고레와 아마리니모 무세끼닌데스

393. **그런 짓을 해서는 안 됩니다.**

そんなことをしてはいけません。

손나 고또오 시떼와 이께마셍

394. **당신들은 책임을 져야 합니다.**

あなたがたは責任^{せきにん}を負^おうべきです。

아나따가따와 세끼닝오 오우베끼데스

395. **그런 짓을 하면 곤란해요.**

そんなことをしたら困^{こま}ります。

손나 고또오 시따라 고마리마스

396. **앞으로 조심하세요.**

今後^{こんご}気^きをつけてください。

공고 기오 쓰께떼 구다사이

> STEP 2 　 이것만은 꼭 알아두세요.

일본 사람은 여간해서는 직접적으로 화를 내거나 상대의 잘못이나 실수에 대해 책망을 하지 않는 편입니다. 만약 화를 내거나 꾸짖거나 하면 마음속에 꽤 많은 불만과 화가 나 있는 경우라고 생각하면 됩니다.
~てはいけない(~떼와 이께나이)는 동사의 て(테)형에 금지의 뜻을 나타내는 いけない(이께나이)가 접속된 형태로 우리말의 「~해서는 안 된다」에 해당하는 표현입니다.

> STEP 3 　 실전대화를 해보세요.

A : この件はまだ解決してくれないんですか。
고노 껭와 마다 카이케쯔시떼 구레나인데스까

B : もうすぐです。 もうしばらく待ってください。
모- 스구데스. 모- 시바라꾸 맛떼 구다사이

A : なぜこんなに延ばすのですか。 **정말 괘씸하군요.**
나제 곤나니 노바스노데스까. 촛또 맛따꾸 게시까란데스요

B : もう一度検討しておきます。 きっと解決します。
모- 이찌도 겐또-시떼 오끼마스. 깃또 카이케쯔시마스

A : 이 건은 아직 해결해주지 않습니까?

B : 이제 곧 될 겁니다. 조금만 더 기다려 주세요.

A : 왜 이렇게 연기하는 겁니까? ちょっとまったく怪しからんですよ。

B : 다시 한 번 검토하겠습니다. 꼭 해결하겠습니다.

> STEP 4 　 직접 쓰고 읽어보세요.

그런 짓을 해서는 안 됩니다.

➡

상대방에게 감탄했을 때

STEP 1 날마다 쓰는 베스트 기본문장 따라 읽기

397. **감동했습니다.**

感動しました。

칸도-시마시다

398. **정말 감탄했습니다.**

ほんとうに感心しました。

혼또-니 칸신시마시다

399. **정말로 공경할 따름입니다.**

ほんとうに敬服させられます。

혼또-니 케-후꾸사세라레마스

400. **정말로 감동할 따름입니다.**

ほんとうに感動させられます。

혼또-니 간도-사세라레마스

401. **이 그림의 아름다운 착색에 정말로 감탄했습니다.**

この絵の着色の美しさにはほんとうに感心しました。

고노 에노 챠꾸쇼꾸노 우츠꾸시사니와 혼또-니 간신시마시다

402. **과연 무라카미 선생님 제자이시군요.**

さすがに村上先生のお弟子さんですね。

사스가니 무라까미 센세-노 오데시산데스네

STEP 2 이것만은 꼭 알아두세요.

すばらしい(스바라시-)! かっこいい(각꼬이-)! すてき(스테끼)! 등 감탄의 기분을 나타내는 표현은 대화에 생동감을 불어넣어 줍니다. 또한 일본인은 상대에 대한 칭찬에 대해서는 말을 아끼지 않습니다. 더듬거리는 일본어로 말을 걸어도 日本語はお上手ですね(니홍고와 오죠-즈데스네/일본어를 잘 하시네요)라고 칭찬을 합니다. 이처럼 일본인은 사소한 것이라도 칭찬을 하는 습관이 몸에 배어 있으므로 액면 그대로 받아들이면 오해하기 쉬운 경우도 종종 있습니다.

STEP 3 실전대화를 해보세요.

A : 洪さんの論文を読みましたか。
홍산노 롬붕오 요미마시다까

B : 読みました。 **대단하더군요.**
요미마시다. 다이시따모노데스네

A : わたしは彼に敬服しています。
와따시와 카레니 케-후꾸시떼 이마스

B : わたしもそうです。
와따시모 소-데스

A : 홍씨 논문을 일었습니까?

B : 읽었습니다. たいしたものですね。

A : 나는 그를 공경할 따름입니다.

B : 나도 그렇습니다.

STEP 4 직접 쓰고 읽어보세요.

정말 감탄했습니다.

➡

학습일

안도의 뜻을 나타낼 때

입에 착착!

STEP 1   날마다 쓰는 베스트 기본문장 따라 읽기

---

403.   이제 겨우 안심했습니다.

これでやっと安心しました。

고레데 얏또 안신시마시다

---

404.   이제 안심했습니다.

これでほっとしました。

고레데 홋또시마시다

---

405.   이제 가슴이 후련해졌습니다.

これで胸のつかえが取れました。

고레데 무네노 쓰까에가 도레마시다

---

406.   겨우 한 건이 해결되었습니다.

やっと一件落着です。

얏또 익껜 라꾸챠꾸데스

---

407.   무사하시다는 말씀을 듣고 안심했습니다.

ご無事と聞いてほっとしました。

고부지또 기이떼 홋또시마시다

---

408.   성적이 좋아져서 어머니가 안심했습니다.

成績がよくなったのでお母さんは安心しました。

세ー세끼가 요꾸낫따노데 오까ー상와 안신시마시다

STEP 2　이것만은 꼭 알아두세요.

우리는 무슨 일에 놀랐거나 조마조마 가슴을 졸이며 기대하고 있던 일이 이루어졌을 때 안도의 한숨을 쉬게 됩니다. 안심할 때 자신도 모르게 나오는 소리로는 ほっとした(홋또시다/안심했다), おどろいた(오도로이따/놀랐잖아) 등이 있습니다. ほっと(홋또)는 부사어로 한숨을 짓는 모양을 나타내며, ほっとする(홋또스루)의 형태로 쓰일 때는 어떤 일이나 사태가 무사해서 안심하는 모양을 나타냅니다.

STEP 3　실전대화를 해보세요.

A : あの誤解が解けました。
아노 고까이가 도께마시다

B : **그거 다행이군요.**
소레와 요캇따데스네

A : ご心配をおかけしました。
고심빠이오 오카께시마시다

B : いいえ、いいえ、これでわたしも安心しました。
이-에, 이-에, 고레데 와따시모 안신시마시다

A : **그 오해가 풀렸습니다.**

B : それはよかったですね。

A : **걱정을 끼쳐드렸습니다.**

B : **아뇨, 이제 저도 안심했습니다.**

STEP 4　직접 쓰고 읽어보세요.

이제 겨우 안심했습니다.

➡

155

Unit 48

학습일

기쁜 소식을 들었을 때

STEP 1　날마다 쓰는 베스트 기본문장 따라 읽기

입에
착착!

409.　**그래요? 정말 기쁩니다.**　☐ ☐ ☐

そうですか。ほんとうにうれしいです。

소-데스까. 혼또-니 우레시-데스

410.　**정말로 기쁜 일이군요.**　☐ ☐ ☐

ほんとうにうれしいことですね。

혼또-니 우레시- 고또데스네

411.　**멋져. 모두 함께 축하해야겠어.**　☐ ☐ ☐

すばらしい。みんなでお祝いしなくちゃ。
いわ

스바라시-. 민나데 오이와이 시나쿠쨔

412.　**와! 기쁘다.**　☐ ☐ ☐

わー！うれしい。

와-! 우레시-

413.　**이건 정말로 경사스런 일이군요.**　☐ ☐ ☐

これはほんとうにめでたいことですね。

고레와 혼또-니 메데따이 고또데스네

414.　**이거 전망이 멋진데.**　☐ ☐ ☐

これはすてきな眺めだ。
なが

고레와 스테끼나 나가메다

156

STEP 2 이것만은 꼭 알아두세요.

기쁨과 즐거움은 지극히 자연스럽게 표출되는 인간의 감정입니다. 일본인과의 교제 중에 기쁜 일이나 즐거운 일이 있으면 うれしい(우레시-/기쁘다), たのしい(다노시-/즐겁다), 最高だ(사이꼬-다/최고다) 등으로 자신의 감정을 표현해봅시다. 또한 우리말에 너무 좋아서 죽겠다는 표현이 있습니다. 이에 상응하는 일본어 표현으로는 ～てたまらない(～떼 타마라나이)가 있는데, 이것은 상태나 정도가 너무 지나쳐서 견딜 수 없다는 것을 나타냅니다.

STEP 3 실전대화를 해보세요.

A : ほんとうですか。すばらしい知らせですね。
혼또-데스까. 스바라시- 시라세데스네

B : **정말로 기쁘군요.**
혼또-니 우레시-데스네

A : みんなでお祝いをしなくちゃ。
민나데 오이와이오 시나쿠쨔

B : そうですとも。
소-데스또모

A : **정말이세요? 멋진 소식이군요.**

B : ほんとうにうれしいですね。

A : **모두 함께 축하해야겠어요.**

B : **그렇고말고요.**

STEP 4 직접 쓰고 읽어보세요.

이건 정말로 경사스런 일이군요.

➡

추측을 나타낼 때

임에
착착!

415. **아마 괜찮을 거예요.**

おそらく大丈夫でしょう。

오소라꾸 다이죠ー부데쇼ー

416. **그는 아마 모를 거예요.**

彼はおそらく知らないでしょう。

카레와 오소라꾸 시라나이데쇼ー

417. **아마도 잊었을 거예요.**

たぶん忘れたでしょう。

다붕 와스레따데쇼ー

418. **내일부터 시작될지도 몰라요.**

明日から始まるのかもしれません。

아스까라 하지마루노까모 시레마셍

419. **그렇게는 되지 않을 거예요.**

そうではならないでしょう。

소ー데와 나라나이데쇼ー

420. **두 나라의 전쟁은 대충 결말이 날 거예요.**

両国の戦争はおおかた決着がつくでしょう。

료ー코꾸노 센소ー와 오ー카따 겟챠꾸가 쯔꾸데쇼ー

STEP 2 이것만은 꼭 알아두세요.

でしょう(데쇼–)는 정중한 단정을 나타내는 です(데스)의 추측형으로 추량이나, 상대에게 다짐하거나 동의를 구하는 뜻을 나타냅니다. 우리말의 「~일(할) 것입니다, ~이(하)겠지요」의 뜻으로, 보통체는 だ(다)의 추측형인 だろう(다로–)입니다 かもしれない(카모 시레나이)는 「~일지도 모른다」의 뜻으로 어떤 일의 성립 가능성에 대해 말하는 사람의 추측을 나타낼 때 쓰입니다.

STEP 3 실전대화를 해보세요.

A : 彼女は 화난 게 아닐까요?
카노죠와 오콧딴쟈 나이데쇼–까

B : 怒りはしないでしょう。
오꼬리와 시나이데쇼–

A : どうも怒ったみたいです。
도–모 오콧따미따이데스

B : そんなことはないでしょう。
손나 고또와 나이데쇼–

A : 그녀는 怒ったんじゃないでしょうか。
B : 화는 나지 않을 거예요.
A : 아무래도 화난 것 같아요.
B : 그런 건 아닐 거예요.

STEP 4 직접 쓰고 읽어보세요.

그는 아마 모를 거예요.

➡

학습일

의외의 상황에 부덪혔을 때

잉에 착착!

421. 정말로 의외였습니다.

ほんとうに意外でした。

혼또―니 이가이데시다

---

422. 도대체 어찐 된 일이죠?

一体どうしたことなんでしょう。

잇따이 도―시따 고또난데쇼―

---

423. 복권이 당첨됐다고? 정말이세요?

宝くじが当たった。ほんとうですか。

다까라쿠지가 아탓따. 혼또―데스까

---

424. 설마 그런 일이 있을까요?

まさか、そんなことがあるでしょうか。

마사까, 손나 고또가 아루데쇼―까

---

425. 설마, 도저히 믿을 수 없어.

まさか、とても信じられない。

마사까, 도떼모 신지라레나이

---

426. 그걸 들었을 때는 깜짝 놀랐습니다.

それを聞いた時はびっくりしました。

소레오 기이따 도끼와 빅꾸리시마시다

STEP 2 이것만은 꼭 알아두세요.

놀랐을 때의 표현으로는 믿기지 않을 정도로 놀랄 때는 信じられない(신지라레나이/믿기지 않아), 깜짝 놀랐을 때는 びっくりした(빅꾸리시따/깜짝 놀랬어)」라고 합니다. ほんとう(혼또-)는 뜻밖의 말을 상대로부터 듣고 놀라서 그게 사실이냐고 반문할 때 쓰이는 표현이며, まさか(마사까)는 상대가 하는 말을 도저히 믿을 수 없을 때 놀라서 의심하는 표현으로 뒤에 부정이나 추측의 말이 옵니다.

STEP 3 실전대화를 해보세요.

A : 彼がそういうことをするなんて、思いもしませんでした。
카레가 소-이우 고또오 스루난떼, 오모이모 시마센데시다

B : **설마, 정말입니까?**
마사까, 혼또-데스까

A : 間違いありません。
마찌가이 아리마셍

B : どうしたことなんでしょうねえ。
도-시따 고또난데쇼-네-

A : 그가 그런 짓을 하다니 생각지도 못했습니다.

B : まさか、ほんとうですか。

A : 틀림없습니다.

B : 어찌된 일이죠?

STEP 4 직접 쓰고 읽어보세요.

설마 그런 일이 있을까요?

➡

학습일

상대방의 옷차림을 칭찬할 때

STEP 1 날마다 쓰는 베스트 기본문장 따라 읽기

입에 착착!

427. **당신 옷은 예쁘군요.**

あなたの服はきれいですね。

아나따노 후꾸와 기레-데스네

428. **당신의 이 양복 옷감은 좋군요.**

あなたのこのスーツの生地はいいですね。

아나따노 고노 스-츠노 키지와 이-데스네

429. **당신의 겉옷은 모던하군요.**

あなたの上着はモダンですね。

아나따노 우와기와 모단데스네

430. **당신의 코트 디자인은 좋군요.**

あなたのコートのデザインはいいですね。

아나따노 코-토노 데자잉와 이-데스네

431. **당신의 스커트 색은 옷과 잘 어울리는군요.**

あなたのスカートの色は服とよく合いますね。

아나따노 스카-토노 이로와 후꾸또 요꾸 아이마스네

432. **그 옷은 당신이 입으니 딱 맞습니다.**

その服はあなたが着てぴったりです。

소노 후꾸와 아나따가 기떼 핏따리데스

162

STEP 2 이것만은 꼭 알아두세요.

우리는 대체적으로 남을 칭찬하는 데는 인색한 편입니다. 그러나 일본인은 본마음은 그렇지 않더라도 칭찬을 잘 하는 편입니다. 칭찬할 때 많이 쓰이는 일본어로는 すばらしい(스바라시ー/멋지다), お上手ですね(오죠ー즈데스네/잘하시네요) 등이 있습니다.

STEP 3 실전대화를 해보세요.

A : <u>그 옷은 멋지군요.</u>
소노 후꾸와 스테끼데스네ー

B : **そうですか。**
소ー데스까

A : **デザインは新しいし、色は上品です。**
데자잉와 아따라시ー시, 이로와 죠ー힌데스

B : **ほんとうですか、ありがとう。**
혼또ー데스까, 아리가또ー

A : その服はすてきですねえ。
B : 그렇습니까?
A : 디자인은 새롭고 색은 고급스럽습니다.
B : 정말이세요, 고맙습니다.

STEP 4 직접 쓰고 읽어보세요.

그 옷은 당신이 입으니 딱 맞습니다.

➡

163

상대방을 진정시킬 때

STEP 1   날마다 쓰는 베스트 기본문장 따라 읽기

입에 착착!

---

433. **초조하지 마세요.**
焦らないで。
아세라나이데

---

434. **걱정 마세요.**
ご心配なく。
고심빠이나꾸

---

435. **긴장을 푸세요.**
リラックスしてください。
리락쿠스시떼 구다사이

---

436. **대단한 것은 아니니까 걱정 마세요.**
大したことはないから心配しないで。
다이시따 고또와 나이까라 심빠이시나이데

---

437. **마음을 좀 진정해요.**
少し気を静めなさいよ。
스꼬시 기오 시즈메나사이요

---

438. **상사와 면접을 볼 때는 얼지 말아요.**
ボスと面接のときは堅くならないで。
보스또 멘세쯔노 도끼와 가타꾸 나라나이데

STEP 2 이것만은 꼭 알아두세요.

일본 사람들은 좀처럼 겉으로 드러내고 화를 내지 않습니다. 만약 화를 내거나 하면 마음속에 상당히 화가 나있다고 생각해도 좋습니다. 상대가 화가 나있거나 잘못하여 안절부절 못하고 있을 때 진정시키는 말로는 흔히 おちついてください(오치쓰이떼 구다사이/진정하세요)라고 합니다. 상대와 싸웠거나 말다툼을 하여 감정이 상했을 때는 화해(なかなおり/나까나오리)를 해야 한다. 그래야 사이좋게(なかよく/나까요꾸) 지낼 수 있기 때문입니다.

STEP 3 실전대화를 해보세요.

A : 子供がまだ帰ってこないんです。
고도모가 마다 가엣떼 고나인데스

B : 心配しなくていいですよ。 もうすぐ帰ってくるでしょう。
심빠이시나꾸떼 이-데스요. 모- 스구 가엣떼 구루데쇼-

A : 何かあったんじゃないでしょうか。
나니까 앗딴쟈 나이데쇼-까

B : そんなことはないですよ。 **안심하세요.**
손나 고또와 나이데스요. 안신시떼 이떼 구다사이

A : 아이가 아직 안 왔어요.

B : 걱정하지 않아도 돼요. 이제 곧 돌아올 거예요.

A : 무슨 일이 있는 게 아닐까요?

B : 그럴 리가 없어요. 安心していてください。

STEP 4 직접 쓰고 읽어보세요.

마음을 좀 진정해요.

➡

165

상대를 위로할 때

STEP 1 날마다 쓰는 베스트 기본문장 따라 읽기

입에 착착!

439. **실망할 필요는 없어요.** ☐ ☐ ☐

がっかりすることはありませんよ。

각까리스루 고또와 아리마센요

---

440. **슬퍼하지 마세요.** ☐ ☐ ☐

悲（かな）しまないでください。

가나시마나이데 구다사이

---

441. **힘을 내요, 그 일은 이제 생각하지 말고.** ☐ ☐ ☐

元気（げんき）を出（だ）して、そのことはもう考（かんが）えないで。

겡끼오 다시떼, 소노 고또와 모– 강가에나이데

---

442. **기분은 잘 알겠습니다.** ☐ ☐ ☐

お気持（きも）ちはよくわかります。

오키모찌와 요꾸 와까리마스

---

443. **낙담해서는 안 됩니다. 마음을 굳게 먹어요!** ☐ ☐ ☐

気（き）を落（お）としてはいけません。しっかりして！

기오 오또시떼와 이께마셍. 식까리시떼

---

444. **귀중한 것을 잃어버려 정말로 아깝겠군요.** ☐ ☐ ☐

貴重（きちょう）なものをなくして、ほんとうに惜（お）しいですね。

기쬬–나 모노오 나꾸시떼. 혼또–니 오시–데스네

STEP 2 이것만은 꼭 알아두세요.

불의의 사고, 재난, 병 등에 대한 동정을 나타내는 것은 인간의 자연스런 감정입니다. 희망했던 일이 이루어지지 않았거나 예정이나 기대에 어긋났을 때는 ざんねんですね(잔넨데스네/유감이군요)를 쓰며, 갑작스런 사고나 불행한 일을 당한 사람에게는 おきのどくですね(오키노도꾸데스네/안 됐습니다)라고 위로합니다. 또한 실의에 빠졌거나 슬픔에 젖어 있는 사람에게 용기를 북돋을 때는 がんばってね(감밧떼네/힘내요)가 쓰입니다.

STEP 3 실전대화를 해보세요.

A : 過ぎたことは忘れましょうよ。
스기따 고또와 와스레마쇼—요

B : わかっているんですが、辛いんです。
와깟떼 이룬데스가, 쓰라인데스

A : いつまでも 걱정한다고 해도 어쩔 수 없어요.
이쯔마데모 구요꾸요시떼 이떼모 시까따 아리마셍요

B : そうですね。
소—데스네

A : 지난 일은 잊어버립시다.
B : 알고 있지만 괴롭습니다.
A : 언제까지 くよくよしていても仕方ありませんよ。
B : 그렇군요.

STEP 4 직접 쓰고 읽어보세요.

힘을 내요, 그 일은 이제 생각하지 말고.

➡

상대를 격려할 때

STEP 1 날마다 쓰는 베스트 기본문장 따라 읽기

임에 착착!

445. **확실히 하세요.** □ □ □

しっかりやってください。

식까리 얏떼 구다사이

446. **파이팅하세요.** □ □ □

ファイトを出して。

화이토오 다시떼

447. **다시 한 번 버티세요.** □ □ □

もうひとふん張りですよ。

모- 히또 훔바리데스요.

448. **앞으로 3일이면 시험이에요, 분발해요.** □ □ □

あと三日で試験ですよ、しっかり頑張ってね。

아또 믹까데 시껜데스요, 식까리 감밧떼네

449. **이 정도의 것은 아무것도 아니에요.** □ □ □

これぐらいのこと、何ともないですよ。

고레구라이노 고또, 난또모 나이데스요

450. **괜찮아요, 다시 한 번 하면 돼요.** □ □ □

大丈夫、もう一度やりなおせばいいですよ。

다이죠-부, 모- 이찌도 야리나오세바 이-데스요

168

STEP 2   이것만은 꼭 알아두세요.

상대가 좌절이나 낙담하고 있을 때 위로하는 표현으로는 自分に負けないで!(지분니 마께나이데/포기하지 말아요!)가 있습니다. 自分に負ける(지분니 마께루)는 자신에게 지는 것을 말하며, 결국 자신을 이기지 못하고 지는 것은 결국 포기한다는 의미입니다. 따라서 이것은 상대에게 자신을 극복하여 계속해서 힘을 내기를 요구할 때 쓰이는 표현입니다.

STEP 3   실전대화를 해보세요.

A: あーあ、 ほんとうに難しい。
아ー아, 혼또ー니 무즈까시ー

B: 弱音を吐かないで、 元気を出して。
요와네오 하까나이데, 겡끼오 다시떼

A: いつになったら、 できあがるのでしょう。
이쯔니 낫따라, 데끼아가루데쇼ー

B: **좀 더 분발하면 될 거예요.**
모ー 스꼬시 감밧따라, 데끼마스요

A: **아, 정말로 어렵다.**

B: **약한 소리 말고 힘내요.**

A: **언제쯤이면 완성될까요?**

B: もう少し頑張ったら、 できますよ。

STEP 4   직접 쓰고 읽어보세요.

이 정도의 것은 아무것도 아니에요.

➡

169

상대가 내 일을 대신 해주었을 때

451. **번거롭게 해드려 죄송합니다.**

お手数をおかけしました。

오테스−오 오카께시마시다

---

452. **수고(고생)하셨습니다.**

ご苦労さまでした。

고꾸로−사마데시다

---

453. **수고하셨습니다.**

お疲れさまでした。

오츠까레사마데시다

---

454. **수고하셨습니다(고마웠습니다).**

ありがとうございました。

아리가또 고자이마시다

---

455. **무척 도움이 되었습니다.**

たいへん助かりました。

다이헨 다스까리마시다

---

456. **너무 번거롭게 해드렸습니다. 죄송했습니다.**

たいへんお手数をかけました、すみませんでした。

다이헨 오테−스오 가께마시다, 스미마센데시다

STEP 2 이것만은 꼭 알아두세요.

우리가 흔히 쓰는 「수고하셨습니다」를 일본어로 おつかれさま(오츠까레사마)와 ごくろうさま(고꾸로사마)로 표현하는데, 일본어에서는 그 사용 범위가 좁습니다. 예를 들어 수업이 끝난 뒤에 담당 선생님께 おつかれさま(오츠까레사마), ごくろうさま(고꾸로사마)를 쓸 수 없습니다. 왜냐하면 이 말은 손윗사람이 아랫사람에게 쓸 수 있는 표현이기 때문입니다. 선생님께 ありがとうございました(아리가또 고자이마시다)라고 해야 합니다.

STEP 3 실전대화를 해보세요.

A : あなたから頼まれた品物を買ってきました。
아나따까라 다노마레따 시나모노오 갓떼 기마시다

B : どうもありがとうございました。
도−모 아리가또− 고자이마시다

A : じゃ、 これで。
쟈−, 고레데

B : **번거롭게 해드려 죄송합니다.**
오테스−오 오카께시마시다

A : **당신에게 부탁받은 물건을 사왔습니다.**

B : **고맙습니다.**

A : **그럼, 이만 가보겠습니다.**

B : お手数をおかけしました。

STEP 4 직접 쓰고 읽어보세요.

무척 도움이 되었습니다.

➡

171

칭찬을 받았을 때

457. **그렇게 칭찬해 주시다니 송구스럽습니다.** □ □ □

そんなにほめていただくなんて恐縮^{きょうしゅく}です。

손나니 호메떼 이따다꾸난떼 쿄-슈꾸데스

458. **정말이세요, 고마워요.** □ □ □

ほんとうですか、それはどうも。

혼또-데스까, 소레와 도-모

459. **칭찬해 주셔서 기쁩니다.** □ □ □

ほめていただいてうれしいです。

호메떼 이따다이떼 우레시-데스

460. **칭찬해 주시니 대단히 영광입니다.** □ □ □

おほめいただき、たいへん光栄^{こうえい}です。

오호메이따다끼, 다이헹 코-에-데스

461. **그렇게 칭찬해 주시니 쑥스럽습니다.** □ □ □

そんなにほめられると、決^きまり悪^{わる}いです。

손나니 호메라레루또, 기마리와루이데스

462. **아니오, 칭찬받을 정도는 아닙니다.** □ □ □

いいえ、ほめられるほどではありません。

이-에, 호메라레루호도데와 아리마셍

STEP 2 이것만은 꼭 알아두세요.

우리말의「받다」에 해당하는 いただく/もらう(이따다꾸/모라우)를 동사의 て(테)형
에 접속한 ~ていただく(~떼 이따다꾸)는 ~てもらう(~떼 모라우)의 겸양어로써 우
리말로 해석하면「~해 받다」의 뜻이 되지만「~해 주시다」로 해석하는 것이 더
자연스럽습니다. おほめいただく(오호메이따다꾸)는「お(오)+동사의 중지형+いた
だく(이따다꾸)」의 형태로 ~ていただく(~떼 이따다꾸)의 겸양표현입니다.

STEP 3 실전대화를 해보세요.

A: あなたの日本語はすばらしいですね。
아나따노 니홍고와 스바라시-데스네

B: そんなことはありません。 まだまだです。
손나 고또와 아리마셍. 마다마다데스

A: ほんとうですよ。 日本人とほとんど変わりません。
혼또-데스요. 니혼진또 호똔도 가와리마셍

B: **과찬이십니다.**
소레와 호메스기데스

A: 당신은 일본어를 잘하시는군요.
B: 대단한 것은 아닙니다. 아직 멀었습니다.
A: 정말이에요. 일본인과 거의 차이가 없습니다.
B: それはほめすぎです。

STEP 4 직접 쓰고 읽어보세요.

아니오, 칭찬받을 정도는 아닙니다.

➡

물건을 전해달라고 할 때

> **STEP 1**　날마다 쓰는 베스트 기본문장 따라 읽기
>
> 입에 착착!

463.　**미안합니다. 후춧가루를 제게 주세요.**

すみません、こしょうを取ってください。

스미마셍, 코쇼-오 돗떼 구다사이

464.　**미안합니다. 그것 좀 제게 주세요.**

すみません、それを取ってください。

스미마셍, 소레오 돗떼 구다사이

465.　**간장을 좀 주세요.**

しょうゆを取ってください。

쇼-유오 돗떼 구다사이

466.　**미안합니다, 술을 좀 따라 주시겠습니까?**

すみません、酒を回してもらえませんか。

스미마셍, 사께오 마와시떼 모라에마셍까

467.　**이쑤시개 좀 주시겠습니까?**

ようじを取ってもらえませんか。

요-지오 돗떼 모라에마셍까

468.　**그 요리가 손이 안 닿아서 그러는데 좀 주시겠어요.**

その料理、手が届かないので、回してください。

소노 료-리, 데가 도도까나이노데, 마와시떼 구다사이.

STEP 2 이것만은 꼭 알아두세요.

상대방에게 무언가를 부탁할 때 가장 많이 쓰이는 표현으로는 お願いします(오네가이시마스/부탁합니다)가 있으며, 그밖에 의뢰나 요구 표현인 ～てください(～떼 구다사이/～해 주세요) 등이 있습니다. 하지만 ～てください(～떼 구다사이)는 상대에게 직접적으로 행동할 것을 요구하는 것이므로 경우에 따라서는 불쾌감을 줄 수 있으므로 상대의 기분을 거슬리지 않는 ～ていただけませんか(～떼 이따다께마셍까/해 주시겠습니까?), ～てくださいませんか(～떼 구다사이마셍까/～해 주시지 않겠습니까?) 등처럼 완곡한 표현을 쓰는 것이 좋습니다.

STEP 3 실전대화를 해보세요.

A : この料理は味が薄いですね。
고노 료-리와 아지가 우스이데스네

B : しょうゆを少しかけたら。
쇼-유오 스꼬시 가께따라

A : じゃ、 미안하지만, 좀 주실래요?
쟈, 스미마셍가, 돗떼 구다사이

B : はい、 どうぞ。
하이, 도-조

A : 이 요리는 맛이 싱겁군요.
B : 간장을 좀 쳐보세요.
A : 그럼, すみませんが、取ってください。
B : 네, 여기 있습니다.

STEP 4 직접 쓰고 읽어보세요.

그 요리가 손이 안 닿아서 그러는데 좀 주시겠어요.

➡

물건을 빌릴 때

STEP 1 날마다 쓰는 베스트 기본문장 따라 읽기

입에 착착!

469. 필기도구 좀 빌려 주세요.

何か書くものを貸してください。

나니까 가꾸 모노오 가시떼 구다사이

470. 볼펜을 빌려도 될까요?

ボールペンをお借りしてもいいですか。

보-루펭오 오까리시떼모 이-데스까

471. 천 엔 빌려 주시겠어요, 나중에 갚을 테니까요.

千円貸してもらえませんか、あとで返しますから。

셍엥 가시떼 모라에마셍까, 아또데 가에시마스까라

472. 이 전화를 써도 될까요?

この電話を使ってもいいですか。

고노 뎅와오 쓰깟떼모 이-데스까

473. 화장실을 좀 쓸 수 있습니까?

お手洗いを拝借できますか。

오테아라이오 하이샤꾸 데끼마스까

474. 회의실을 쓰고 싶은데 괜찮겠습니까?

会議室をお借りしたいのですが、ご都合は
いかがですか。

카이기시쯔오 오카리시따이노데스가, 고쓰고-와 이까가데스까

STEP 2   이것만은 꼭 알아두세요.

~てもいい(~떼모 이-)는 우리말의 「~해도 좋다/된다」라는 뜻으로 허가나 승낙을 나타냅니다. ~でもいい(~데모 이-)는 체언 및 형용동사에 접속하여 「~이라도(해도) 좋다/된다」의 뜻으로 허가나 승낙을 나타냅니다. 활용어의 부정형에 ~てもいい(~떼모 이-)가 접속하여 ~なくてもいい(~나쿠떼모 이-)로 쓰일 때는 「~하지 않아도 좋다/된다」의 뜻으로 그렇게 할 필요가 없다는 것을 나타냅니다.

STEP 3   실전대화를 해보세요.

A : 日本語の会話の 책을 한 권 빌려 주실래요?
   니홍고노 카이와노 홍오 잇사쯔 가시떼 구레마셍까

B : いいですよ。 どうするんですか。
   이-데스요. 도-스룬데스까

A : 日本へ観光に行くんです。
   니홍에 강코-니 이꾼데스

B : じゃ、 この会話の本を貸してあげましょう。
   쟈, 고노 카이와노 홍오 가시떼 아게마쇼-

A : 일본어 회화 本を一冊貸してくれませんか。
B : 좋아요. 왜 그러시는데요?
A : 일본으로 여행을 갑니다.
B : 그럼, 이 회화 책을 빌려 드리지요.

STEP 4   직접 쓰고 읽어보세요.

이 전화를 써도 될까요?

➡

학습일

참석해도 되는지 물을 때

475. **함께 해도 될까요?** ☐ ☐ ☐

お供してもいいですか。

오또모시떼모 이-데스까

476. **함께 가도 될까요?** ☐ ☐ ☐

ごいっしょしてもいいですか。

고잇쇼시떼모 이-데스까

477. **따라가도 될까요?** ☐ ☐ ☐

ついて行ってもいいですか。

쓰이떼 잇떼모 이-데스까

478. **함께 따라가 줄래요?** ☐ ☐ ☐

いっしょに連れて行ってくれませんか。

잇쇼니 쓰레떼 잇떼 구레마셍까

479. **괜찮으시다면 함께 가고 싶은데요.** ☐ ☐ ☐

ご都合がよければ、ごいっしょしたいんですが。

고쓰고-가 요께레바, 고잇쇼시따인데스가

480. **지장이 없다면 함께 가고 싶습니다.** ☐ ☐ ☐

お差し支えなければ、いっしょに行きたいです。

오사시쓰까에나께레바, 잇쇼니 이끼따이데스

STEP 2 이것만은 꼭 알아두세요.

상대에게 허락을 구할 때 가장 일반적인 표현이 ～てもいいですか(～떼모 이-데스까/～해도 되겠어요?)입니다. 그밖에 ～てもかまわない(～떼모 가마와나이/～해도 상관없다), ～てもさしつかえない(～떼모 사시쓰까에나이/～해도 지장이 없다)」등이 있습니다. 승낙할 때는 いいですよ(이-데스요/좋아요)라고 하며, どうぞ(도-조)는 허락을 하는 표현으로 상황에 따라「앉으세요, 가세요, 하세요」등으로 다양하게 쓰일 수 있습니다. 반대로 단호하게 거절할 때는 だめです(다메데스/안 됩니다)라고 하면 됩니다.

STEP 3 실전대화를 해보세요.

A : どちらへ。
도찌라에

B : 映画を見に行くんです。
에-가오 미니 이꾼데스

A : **함께 보러 가도 될까요?**
고잇쇼사세떼 모라에마스까

B : もちろんいいですとも。いっしょに行きましょう。
모찌론 이-데스또모. 잇쇼니 이끼마쇼-

A : **어디에 가십니까?**

B : **영화를 보러 갑니다.**

A : ごいっしょさせてもらえますか。

B : **물론이고말고요. 함께 갑시다.**

STEP 4 직접 쓰고 읽어보세요.

괜찮으시다면 함께 가고 싶은데요.

➡

기다리라고 말할 때

481. **거기에 앉아서 기다리세요.**

あそこに座って待ってください。

아소꼬니 스왓떼 맛떼 구다사이

482. **잠깐 기다려 주세요.**

ちょっと待っていてください。

촛또 맛떼 이떼 구다사이

483. **잠시 기다려 주십시오.**

しばらくお待ちください。

시바라꾸 오마찌 구다사이

484. **잠깐 기다리세요. 용무를 마치고 곧장 올게요.**

ちょっと待ってください。用事をすませてすぐ来ます。

촛또 맛떼 구다사이. 요-지오 스마세떼 스구 기마스

485. **전화를 걸고 올게요. 기다려 주세요.**

電話をかけて来ます、待っていてください。

뎅와오 가께떼 기마스, 맛떼 이떼 구다사이

486. **5시에 거기서 기다리세요.**

5時にそこで待っていてください。

고지니 소꼬데 맛떼 이떼 구다사이

STEP 2 이것만은 꼭 알아두세요.

우리말에서도 「당신」이라고 할 때에는 특별한 배경에 있는 것과 마찬가지로 일본어에서도 あなた(아나따)라고 할 때에는 미묘한 어감이 느껴집니다. 평상시에는 사용하지 않는 편이 좋습니다. 예컨대 아내가 남편을 부를 때나 혹은 말다툼하는 상대방을 지칭할 때 쓰는 말입니다. 이처럼 일본어에서는 가능한 상대방의 호칭을 애매하게 하는 것이 미덕이라고 여기므로 2인칭 대명사는 대부분의 경우 사용되지 않습니다.

STEP 3 실전대화를 해보세요.

A : お兄さんはいらっしゃいますか。
오니-상와 이랏샤이마스까

B : 買い物に行きました。
가이모노니 이끼마시다

A : いつ頃帰ってきますか。
이쯔고로 가엣떼 기마스까

B : すぐ戻ります。 **여기 앉아 주십시오.**
스구 모도리마스. 고꼬니 오카께니 낫떼 구다사이

A : 형님은 계십니까?
B : 쇼핑하러 갔습니다.
A : 언제쯤 돌아옵니까?
B : 곧 돌아옵니다. ここにおかけになってください。

STEP 4 직접 쓰고 읽어보세요.

잠깐 기다리세요. 용무를 마치고 곧장 올게요.

➡

상의할 일이 있을 때

487. **잠깐 만나서 말씀드릴 게 있는데요.** ☐ ☐ ☐

ちょっと会ってお話ししたいことがあるのですが。

촛또 앗떼 오하나시시따이 고또가 아루노데스가

488. **부탁드릴 게 있는데요.** ☐ ☐ ☐

お願いしたいことがあるんですが。

오네가이시따이 고또가 아룬데스가

489. **가르쳐 주었으면 하는 게 있는데요.** ☐ ☐ ☐

お教え願いたいことがあるのですが。

오오시에네가이따이 고또가 아루노데스가

490. **당신과 의견을 교환하고 싶은데요.** ☐ ☐ ☐

あなたと意見の交換をしたいのですが。

아나따또 이껜노 코-깡오 시따이노데스가

491. **좀 지혜를 빌리고 싶은데요.** ☐ ☐ ☐

少しお知恵を拝借したいのですが。

스꼬시 오치에오 하이샤꾸시따이노데스가

492. **잠깐 고견을 여쭙고 싶은데요.** ☐ ☐ ☐

ちょっとご意見をおうかがいしたいんですが。

촛또 고이껜오 오우까가이시따인데스가

STEP 2 이것만은 꼭 알아두세요.

たい(타이)는 동사의 중지형, 즉 ます(마스)가 접속되는 꼴에 연결되며, 말하는 사람이나 상대방의 직접적인 희망을 나타내는 말로 우리말의 「~고 싶다」에 해당합니다. 또 희망하는 대상물에는 조사 を(오)보다 が(가)를 쓰는 것이 일반적입니다. 또한, たい(타이)의 활용은 어미의 형태가 ーい(이)이므로 형용사와 동일하게 활용합니다. 활용어에 ~のです(~노데스)를 접속하면 말의 뜻을 강조하거나 어감을 부드럽게 하며, 줄여서 ~んです(ㄴ데스)로도 많이 사용합니다.

STEP 3 실전대화를 해보세요.

A : 今 시간이 있으세요.
이마 오지깡가 아리마스까

B : あります。何でしょうか。
아리마스. 난데쇼ー까

A : 少しご相談したいことがあるのです。
스꼬시 고소ー단시따이 고또가 아루노데스

B : じゃ、お話しください。
쟈ー, 오하나시 구다사이

A : 지금 お時間がありますか。
B : 있습니다. 무슨 일이죠?
A : 잠깐 의논드리고 싶은 게 있습니다.
B : 그럼 말씀하십시오.

STEP 4 직접 쓰고 읽어보세요.

부탁드릴 게 있는데요.

➡

Unit 62

상대에게 부탁할 때

학습일

STEP 1 ▶ 날마다 쓰는 베스트 기본문장 따라 읽기

입에 착착!

493. **부탁드리고 싶은 게 있는데요.**

お頼みしたいことがあるのですが。

오따노미시따이 고또가 아루노데스가

494. **협력 좀 부탁드리고 싶은 게 있는데요.**

少しお力添え願いたいことがあるのですが。

스꼬시 오치까라조에 네가이따이 고또가 아루노데스가

495. **잠깐 거들어 주셨으면 하는일이 있는데요.**

ちょっと、お手伝いしてもらいたいことがありますが。

촛또, 오테쓰다이시떼 모라이따이 고또가 아리마스가

496. **수고 좀 부탁드리고 싶은데요.**

少しご面倒をおかけしたいことがあるのですが。

스꼬시 고멘도-오 오카께시따이 고또가 아루노데스가

497. **잠깐 의논드리고 싶은 게 있는데요.**

ちょっと、ご相談したいことがあるのですが。

촛또, 고소-단시따이 고또가 아루노데스가

498. **잠깐 회사 일을 거들어 주셨으면 하는데요.**

ちょっと、会社の仕事で手伝ってもらいたいのですが。

촛또, 카이샤노 시고또데 데쓰닷떼 모라이따이노데스가

184

お頼みしたい(다노미시따이)는 頼む(다노무/부탁하다)의 겸양 표현인 お頼みする (오다노미스루)에 희망을 나타내는 たい(타이)가 접속된 형태로 우리말의 「부탁드리고 싶다」에 해당합니다.

일본어의 대표적인 겸양 표현은 접두어 お(오)에 해당 동사의 중지형, 즉 ます(마스)가 이어진 꼴에 동사 する(스루)를 접속하여 표현합니다.

STEP 3 실전대화를 해보세요.

A : **부탁드리고 싶은 게 있는데요.**
오네가이시따이 고또가 아루노데스가

B : 何でしょうか。
난데쇼ー까

A : ちょっと言いにくいんです。
춋또 이ー니꾸인데스

B : かまいませんよ。何なりと言ってください。
가마이마셍요. 난나리또 잇떼 구다사이

A : お願いしたいことがあるのですが。
B : 무슨 부탁이죠?
A : 좀 말씀드리기 곤란한데요.
B : 괜찮아요. 무엇이든 말하세요.

STEP 4 직접 쓰고 읽어보세요.

수고 좀 부탁드리고 싶은데요.

➡

부탁을 해야 할 때

| STEP 1 | 날마다 쓰는 베스트 기본문장 따라 읽기 |

499. **아무튼 잘 부탁드립니다.**

とにかくよろしくお願いいたします。

토니까꾸 요로시꾸 오네가이이따시마스

500. **협력을 부탁드립니다.**

ご協力願います。

고교ー료꾸네가이마스

501. **이 건에 대해 좀더 검토해 주시겠습니까?**

この件についてもう少し検討してもらえませんか。

고노 껜니 쓰이떼 모ー 스꼬시 겐또ー시떼 모라에마셍까

502. **달리 무슨 방법은 없을까요?**

何かほかに方法はないでしょうか。

나니까 호까니 호ー호ー와 나이데쇼ー까

503. **어떻게든 해 주시겠습니까?**

何とかしていただけませんか。

난또까시떼 이따다께마셍까

504. **어떻게든 해결해 주세요.**

何とか解決してください。

난또까 카이께쓰시떼 구다사이

STEP 2 이것만은 꼭 알아두세요.

일본어에서는 상대방에 대해서 존경의 뜻을 나타내기 위해 접두어 お/ご(오/고)를 상대방의 소유물이나 관계되는 말 앞에 붙여 줍니다. 주로 お(오)는 순순 일본어에 접두되고, ご(고)는 한자어에 접두되는 경우가 많으나, 이것은 일정하지가 않습니다. お(오)는 단순히 말의 품위를 높여주기 위해 상대방과 관계없는 것에도 습관적으로 붙여서 표현하는 경우가 많습니다. 이것을 미화어(美化語)라고 하는데, 말하는 사람의 교양을 나타내기 위한 것에 불과합니다.

STEP 3 실전대화를 해보세요.

A : <ruby>空室<rt>くうしつ</rt></ruby>はありません。
쿠-시쯔와 아리마셍

B : じゃ、どうしたらいいでしょう。
쟈, 도-시따라 이-데쇼-

A : ほんとうにないんですよ。
혼또-니 나인데스요

B : **어떻게 해 주실 수 없을까요?**
난또까시떼 모라에마센데쇼-까

A : **빈방이 없습니다.**

B : **그럼, 어떡하면 좋죠?**

A : **정말로 없어요.**

B : なんとかしてもらえませんでしょうか。

STEP 4 직접 쓰고 읽어보세요.

달리 무슨 방법은 없을까요?

➡

상대방의 의견을 구할 때

입에 착착!

505. **의견을 듣고 싶은데요.**

ご意見をお聞きしたいんですが。

고이껭오 오키끼시따인데스가

506. **당신의 생각은 어때요?**

あなたの考えはどうでしょうか。

아나따노 캉가에와 도-데쇼-까

507. **이제 괜찮겠습니까?**

これでよろしいでしょうか。

고레데 요로시-데쇼-까

508. **이 문제를 어떻게 생각하십니까?**

この問題をどうお考えですか。

고노 몬다이오 도- 오캉가에데스까

509. **무엇이든 말씀하십시오.**

何なりとおっしゃってください。

난나리또 옷샷떼 구다사이

510. **이 일에 대해서 어떻게 생각하십니까?**

このことについてどう思われますか。

고노 고또니 쓰이떼 도- 오모와레마스까

STEP 2 이것만은 꼭 알아두세요.

동사의 의지형을 만드는 う/よう(우/요−)는 「의지(~하겠다)」의 뜻 이외에 「권유 (~하자)」의 뜻을 나타내기도 하며, 추측의 뜻(~할 것이다)도 나타냅니다. 그러나 현대어에서는 동사의 기본형에 단정을 나타내는 だ(다)의 추측형인 だろう(다로−) 를 접속하여 추측을 나타내는 것이 일반적입니다.

동사의 의지형에 ~と思う(~또 오모우)를 접속하면 「~하려고 생각하다」의 뜻으로 말하는 사람의 의지를 완곡하게 표현합니다.

STEP 3 실전대화를 해보세요.

A : わたしたちに意見をお聞かせください。
와따시타찌니 이껜오 오키까세 구다사이

B : 別に何もありません。
베쯔니 나니모 아리마셍

A : どうぞご遠慮なく、 **무엇이든 괜찮습니다.**
도−조 고엔료나꾸, 돈나 고또데모 겍꼬−데스

B : そうですか。 ではひとつ提案があります。
소−데스까. 데와 히토쯔 테−앙가 아리마스

A : 저희들에게 의견을 들려주십시오.

B : 별로 없습니다.

A : 사양 마시고, どんなことでもけっこうです。

B : 그래요. 그럼 제안이 하나 있습니다.

STEP 4 직접 쓰고 읽어보세요.

이 문제를 어떻게 생각하십니까?

➡ ～～～～～～～～～～～～～～～～～～～～～～～～～～～～～～～～～

부탁을 들어줄 때

STEP 1   날마다 쓰는 베스트 기본문장 따라 읽기

입에
착착!

511.   좋아요. 제가 할게요.

いいですよ、わたしがやりましょう。

이-데스요, 와따시가 야리마쇼-

512.   좋아요, 저에게 맡겨 주세요.

いいですよ、わたしに任せてください。
まか

이-데스요, 와따시니 마까세떼 구다사이

513.   물론 좋습니다.

もちろんよろしいです。

모찌론 요로시-데스

514.   부디 안심하십시오.

どうぞご安心ください。
あんしん

도-조 고안싱 구다사이

515.   문제없습니다. 꼭 해드리겠습니다.

問題ありません。かならずやってあげます。
もんだい

몬다이 아리마셍. 카나라즈 얏떼 아게마스

516.   할 수 있을지 어떨지 모르겠습니다만, 해볼게요.

できるかどうかわかりませんが、やってみましょう。

데끼루까 도-까 와까리마셍가, 얏떼 미마쇼-

STEP 2 이것만은 꼭 알아두세요.

~てみる(~떼미루)는 우리말의 「~해 보다」라는 뜻으로 동사의 て(테)형에 보조동사 みる(미루)가 접속된 형태입니다. みる(미루)가 본동사로 쓰일 때는 見る(미루)로 표기하지만, 이처럼 보조동사로 쓰일 때는 가나로 표기합니다. 또한 보조동사 みる(미루)는 본래의 「보다」라는 의미를 상실하여 「시도하다」라는 뜻을 나타냅니다.

STEP 3 실전대화를 해보세요.

A : ちょっとお頼みしたいことがあるのですが。
촛또 오타노미시따이 고또가 아루노데스가

B : 何ですか。　**말씀하십시오.**
난데스까. 옷샷떼 구다사이

A : これを田宮さんに渡してもらいたいんです。
고레오 타미야산니 와따시떼 모라이따인데스

B : いいですよ。　かならずお渡しします。
이-데스요. 카나라즈 오와따시시마스

A : 잠깐 부탁드리고 싶은 게 있는데요.

B : 무엇입니까? おっしゃってください。

A : 이걸 다미야 씨에게 건네 주었으면 합니다.

B : 좋아요. 꼭 건네 드리겠습니다.

STEP 4 직접 쓰고 읽어보세요.

좋아요, 저에게 맡겨 주세요.

➡

부탁을 거절할 때

517. **미안합니다. 지금 바빠서 갈 시간이 없습니다.**

すみません。今忙しくて行く時間がありません。

스미마셍. 이마 이소가시꾸떼 이꾸 지깡가 아리마셍

518. **도움을 되어 드릴 수 없습니다.**

お力にはなれません。

오치까라니와 나레마셍

519. **미안합니다. 요청을 따를 수 없습니다.**

すみません。ご希望に沿うことができません。

스미마셍. 고키보ー니 소우 고또가 데끼마셍

520. **그 관계자와는 전혀 연고가 없습니다.**

その関係者には全然縁故がないんです。

소노 칸께ー샤니와 젠젱 엥꼬가 나인데스

521. **자신이 없어서 응하기 힘들겠습니다.**

自信がありませんので応じかねます。

지싱가 아리마셴노데 오ー지카네마스

522. **그런 일은 저는 할 수 없습니다.**

そんなこと、わたしにはできません。

손나 고또, 와따시니와 데끼마셍

STEP 2 이것만은 꼭 알아두세요.

상대의 의견이나 제안을 거절할 때는 상대방의 마음을 고려하여 허락을 하든지 아니면 거절을 해야만 합니다. 특히 일본인은 상대의 제안을 직접적으로 거절하는 것을 피하는 경향이 있으므로 다소 완곡하게 표현해야 합니다.
応じかねます(오-지카네마스/응하기 어렵습니다, 힘듭니다)에서 かねる(카네루)는 동사의 ます(마스)형에 접속하여 「～할 수 없다, ～하기 어렵다」의 뜻을 나타냅니다.

STEP 3 실전대화를 해보세요.

A : 力を貸してくださいよ。
치까라오 가시떼 구다사이요

B : ごめんなさい。 **저한테는 무리입니다.**
고멘나사이. 와따시니와 무리난데스

A : 昔のよしみで、そこを何とか。
무까시노 요시미데, 소꼬오 난또까

B : 力不足でほんとうにどうしようもないのです。
치까라부소꾸데 혼또-니 도-시요-모 나이노데스

A : 도움 좀 주십시오.
B : 미안합니다. わたしには無理なんです。
A : 옛정을 봐서 좀 어떻게 안 될까요?
B : 역부족으로 어떻게 할 방법이 없습니다.

STEP 4 직접 쓰고 읽어보세요.

그런 일은 저는 할 수 없습니다.

➡

반대 의견을 제시할 때

입에 착착!

523. 그건 좀 번거롭지 않겠습니까?

それはちょっと面倒じゃないですか。

소레와 촛또 멘도ー쟈 나이데스까

524. 그럴 필요는 없잖습니까?

その必要はないんじゃないですか。

소노 히쯔요ー와 나인쟈 나이데스까

525. 서두를 필요는 없잖습니까?

急ぐ必要はないんじゃないですか。

이소구 히쯔요ー와 나인쟈 나이데스까

526. 아직 검토할 필요가 있습니까, 이걸로 충분하지 않나요?

まだ検討する必要がありますか。
これでいいのではないですか。

마다 겐또ー스루 히쯔요ー가 아리마스까, 고레데 이ー노데와 나이데스까

527. 그렇게 하지 않으면 안 된다고 생각하세요?

そうしなければならないと思いますか。

소ー 시나께레바 나라나이또 오모이마스까

528. 그건 번거롭지 않겠습니까, 이렇게 하면 되지 않을까요?

それは面倒ではないですか。
こうすればいいではないですか。

소레와 멘도ー데와 나이데스까. 고ー 스레바 이ー데와 나이데스까

STEP 2   이것만은 꼭 알아두세요.

일본인은 자신의 의견을 애매하고 완곡하게 대답하는 편입니다. 同意します(도-
이시마스/동의합니다) 또는 わたしもそう思います(와따시모 소- 오모이마스/저도
그렇게 생각합니다) 등은 상대방의 의견에 동의를 하거나 찬성할 때 쓰이는 기본
적인 표현이며, 반대로 상대방의 의견에 동의하지 않거나 반대할 때 기본적으로
쓰이는 표현은 同意しかねます(도-이시카네마스/동의하기 어렵습니다) 또는 わ
たしはそう思いません(와따시와 소- 오모이마셍/저는 그렇게 생각하지 않습니다)
등이 있습니다.

STEP 3   실전대화를 해보세요.

A: じゃ、このようにしましょう。
쟈, 고노요-니 시마쇼-

B: もう少しみんなの意見を聞いてはどうでしょう。
모- 스꼬시 민나노 이껭오 기이떼와 도-데쇼-

A: **그럴 필요는 없잖겠어요?**
소노 히쯔요-와 나인쟈 나이데스까

B: 慎重にやっても別に悪くはないでしょう。
신쬬-니 얏떼모 베쯔니 와루꾸와 나이데쇼-

A: **그럼, 이렇게 합시다.**

B: **좀 더 다른 사람의 의견을 들으면 어떨까요?**

A: その必要はないんじゃないですか。

B: **신중히 해서 나쁠건 없잖아요.**

STEP 4   직접 쓰고 읽어보세요.

그렇게 하지 않으면 안 된다고 생각하세요?

➡

정확한 의사를 표명할 수 없을 때

입에 착착!

STEP 1　날마다 쓰는 베스트 기본문장 따라 읽기

---

529. **그건 뭐라고 말할 수 없습니다.**

それは何とも言えません。

소레와 난또모 이에마셍

---

530. **이건 어려운 문제이군요.**

これは難しい問題ですね。

고레와 무즈까시- 몬다이데스네

---

531. **좀 더 생각해봅시다.**

もう少し考えてみましょう。

모- 스꼬시 강가에떼 미마쇼-

---

532. **가능하면 좀 더 상황을 살피는 게 어떨까요?**

できればもう少し様子をみてはどうでしょう。

데끼레바 모- 스꼬시 요-스오 미떼와 도-데쇼-

---

533. **아마 그럴 필요는 없을 거예요.**

おそらくそんなことはないでしょう。

오소라꾸 손나 고또와 나이데쇼-

---

534. **이건 난감하군요.**

これは困りましたね。

고레와 고마리마시타네

196

STEP 2 이것만은 꼭 알아두세요.

여기서는 상대방의 의견이나 견해에 대해서 자신의 의사를 전하는 표현을 익힙니다. 긍정적으로 자신의 의사를 표현할 때는 ええ、まったくですね(에−, 맛타꾸데스네/예, 정말 그렇군요), そうなんです(소−난데스/그렇습니다) 등으로 말하며, 자신의 의사를 부정적으로 표현할 때는 まだだめです(마다 다메데스/아직 안 됩니다), そうじゃないんです(소−쟈나인데스/그렇지 않습니다) 등으로 표현합니다. 또한 동감을 나타낼 때는 わたしもそう思います(와따시모 소− 오모이마스/저도 그렇게 생각합니다)라고 합니다.

STEP 3 실전대화를 해보세요.

A : 早^やく決^きめましょう。
하야꾸 기메마쇼−

B : まだ急^{いそ}ぐこともないでしょう。
마다 이소구 고또모 나이데쇼−

A : でも、 あまり時間^{じかん}がないですよ。
데모, 아마리 지깡가 나이데스요

B : まあ、 좀 더 생각해봅시다.
마−, 모− 스꼬시 강가에떼 미마쇼−

A : 빨리 결정합시다.
B : 아직 서두를 필요는 없어요.
A : 하지만, 별로 시간이 없어요.
B : 글쎄, もう少^{すこ}し考^{かんが}えてみましょう。

STEP 4 직접 쓰고 읽어보세요.

아마 그럴 필요는 없을 거예요.

➡

동의를 나타낼 때

STEP 1 날마다 쓰는 베스트 기본문장 따라 읽기

---

535. **당신의 의견에 찬성입니다.**

あなたの意見に賛成です。

아나따노 이껜니 산세ー데스

---

536. **좋고말고요.**

いいですとも。

이ー데스또모

---

537. **별다른 의견은 없습니다.**

別に意見はないです。

베쯔니 이껭와 나이데스

---

538. **맞습니다. 저도 그렇게 생각합니다.**

そのとおりです。わたしもそう思います。

소노 토오ー리데스. 와따시모 소ー 오모이마스

---

539. **그렇습니다. 모두 찬성입니다.**

そうです、みんな賛成です。

소ー데스, 민나 산세ー데스

---

540. **그렇고말고요, 우리들 의견은 일치합니다.**

そうですとも、我々の意見は一致です。

소ー데스또모, 와레와레노 이껭와 잇찌데스

STEP 2 이것만은 꼭 알아두세요.

상대의 의견이나 제안 등에 동의나 찬성을 나타낼 때 쓰이는 표현으로는 賛成で
す(산세-데스/찬성입니다), まったく同感です(맛타꾸 도-깐데스/전적으로 동감입
니다) 등이 있습니다. わたしもそう思います(와따시모 소- 오모이마스/저도 그렇
게 생각합니다)는 상대의 의견에 동의나 찬성을 할 때 쓰이며, 賛成です(산세-데
스)보다는 구어적으로 다소 부드러운 느낌을 주는 표현입니다.

STEP 3 실전대화를 해보세요.

A: 大西さんが行く前に送別会をしてはどうでしょう。
オーにしさんが いく まえに そうべつかいを してはどうでしょう。
오-니시상가 이꾸 마에니 소-베츠까이오 시떼와 도-데쇼-

B: **대찬성입니다.**
다이산세-데스

A: 日曜日の午後はどうですか。
にちようびの ごごはどうですか。
니찌요-비노 고고와 도-데스까

B: いいですね。
이-데스네

A: 오니시 씨가 가기 전에 송별회를 하면 어떨까요?

B: 大賛成です。
だいさんせい

A: 일요일 오후는 어때요?

B: 좋아요.

STEP 4 직접 쓰고 읽어보세요.

맞습니다. 저도 그렇게 생각합니다.

➡

전화를 걸 때

| STEP 1 | 날마다 쓰는 베스트 기본문장 따라 읽기 | 입에 착착! |

541. **여보세요. 미우라 씨이세요?** ☐ ☐ ☐

もしもし、三浦さんですか。

모시모시, 미우라산데스까

542. **기무라 씨와 이야기를 하고 싶은데요….** ☐ ☐ ☐

木村さんとお話がしたいのですが…。

기무라산또 오하나시가 시따이노데스가

543. **김씨를 부탁드려도 될까요?** ☐ ☐ ☐

金さんをお願いできますか。

김상오 오네가이 데끼마스까

544. **사토 씨는 계십니까?** ☐ ☐ ☐

佐藤さんはおいでになりますか。

사또-상와 오이데니 나리마스까

545. **이렇게 일찍 전화해서 미안합니다.** ☐ ☐ ☐

こんなに早く電話して、ごめんなさい。

곤나니 하야꾸 뎅와시떼, 고멘나사이

546. **서울에서 김입니다. 야마다 씨를 부탁합니다.** ☐ ☐ ☐

ソウルからの金です。山田さんをお願いします。

서우루까라노 김데스. 야마다상오 오네가이시마스

STEP 2 이것만은 꼭 알아두세요.

전화를 걸 때는 もしもし、金ですが、～をおねがいします(모시모시, 김데스가, ～오 오네가이시마스/여보세요, 김인데요, ～를 부탁합니다)라고 먼저 자신의 신분이나 소속단체를 밝히고 통화를 할 상대를 부탁합니다. 전화를 받을 때는 もしもし、○ ○でございますが(모시모시, ○○데고자이마스가/여보세요, ○○입니다만)」라고 자신의 이름 등을 밝혀 상대가 확인하는 수고를 덜어주는 것도 전화 에티켓의 하 나입니다.

STEP 3 실전대화를 해보세요.

A : もしもし、松下電気ですか。
　　모시모시, 마츠시따 뎅끼데스까

B : そうです。 どんなご用件ですか。
　　소-데스까. 돈나 고요-껜데스까

A : 山田さんを **부탁드리겠습니다.**
　　야마다상오 오네가이시따이노데스가

B : わたしがそうです。
　　와따시가 소-데스

A : 여보세요. 마츠시타 전기입니까?

B : 그렇습니다. 무슨 일이시죠?

A : 야마다 씨를 お願いしたいのですが。

B : 제가 야마다입니다.

STEP 4 직접 쓰고 읽어보세요.

이렇게 일찍 전화해서 미안합니다.

➡

전화를 받을 때

---

547. 잠시 기다려 주십시오.

ちょっとお待ちください。

촛또 오마찌 구다사이

---

548. 지금 없습니다. 누구십니까?

今おりません。どちらさまでしょうか。

이마 오리마셍. 도찌라사마데쇼―까

---

549. 그런 사람은 여기에는 없습니다.

そのような人は、こちらにはおりません。

소노요―나 히또와, 고찌라니와 오리마셍

---

550. 다시 한 번 성함을 말씀해 주시겠습니까?

もう一度、お名前を言っていただけますか。

모― 이찌도, 오나마에오 잇떼 이따다께마스까

---

551. 무슨 전하실 말씀이 있으십니까?

何かお伝えすることがありますか。

나니까 오쓰따에스루 고또가 아리마스까

---

552. 돌아오면 전화 드리도록 하겠습니다.

帰ったら電話をさせます。

가엣따라 뎅와오 사세마스

STEP 2 이것만은 꼭 알아두세요.

동사의 て(테)형에 いる(이루)의 겸양어인 おる(오루)를 접속한 ~ておる(~떼미루)는 진행이나 상태를 나타내는 ~ている(~떼이루)의 겸양표현으로 「~하고 있다」의 뜻입니다. 존경동사와 마찬가지로 독립된 그 어휘 자체가 겸양의 뜻을 가진 것이 있습니다.

STEP 3 실전대화를 해보세요.

A : もしもし、木村さんはいらっしゃいますか。

모시모시, 기무라상와 이랏샤이마스까

B : いません。 **볼일이 있어 나갔습니다.**

이마셍. 요－지데 데카께떼 오리마스

A : 彼と連絡が取れますか。

카레또 렌라꾸가 도레마스까.

B : 取れます。 ケータイ番号は知っていますか。

도레마스. 케－따이방고－와 싯떼 이마스까

A : 여보세요, 기무라 씨 계십니까?

B : 없습니다. 用事で出かけております。

A : 그와 연락을 할 수 있습니까?

B : 할 수 있습니다. 휴대폰 번호는 알고 있습니까?

STEP 4 직접 쓰고 읽어보세요.

무슨 전하실 말씀이 있으십니까?

➡

병원에 가야 할 때

STEP 1 날마다 쓰는 베스트 기본문장 따라 읽기

입에
착착!

---

553. **안색이 안 좋군요.**

顔色がよくないですね。

가오이로가 요꾸나이데스네

---

554. **의사에게 가 보는 게 좋겠어요.**

お医者さんに行ったほうがいいですよ。

오이샤산니 잇따 호-가 이-데스요

---

555. **괜찮습니까?**

だいじょうぶですか。

다이죠-부데스까

---

556. **병원에는 어떻게 가면 좋을까요?**

病院へはどう行けばいいでしょうか。

뵤-잉에와 도- 이께바 이-데쇼-까

---

557. **배가 아파서 움직일 수 없습니다. 병원에 데려다 주세요.**

おなかが痛くて動けません。病院へ連れて
いってください。

오나까가 이타꾸떼 우고께마셍. 뵤-잉에 쓰레떼 잇떼 구다사이

---

558. **병원에 가고 싶으니까 차를 불러 주세요.**

病院へ行きたいので、車を呼んでください。

뵤-잉에 이끼따이노데, 구루마오 욘데 구다사이

STEP 2 이것만은 꼭 알아두세요.

말이 통하지 않으면 현지에서 몸이 아플 때 매우 당혹스럽습니다. 이럴 때는 현지 가이드의 통역을 받는 것이 가장 손쉬운 일이지만, 혼자일 경우에는 아픈 증상을 정확하게 전달할 수 있는 의사소통의 능력을 갖추어야 합니다. 여행 중에 호텔에서 의사를 부를 경우에는 먼저 프런트에 전화를 해서 医者を呼んでもらいたいのですが(이샤오 욘데 모라이따이노데스가/의사를 불러주셨으면 하는데요)라고 말합니다.

STEP 3 실전대화를 해보세요.

A : あの、 すみませんが。
　　아노, 스미마셍가

B : 顔色が悪いですが、 どうかしましたか。
　　가오이로가 와루이데스가, 도―까시마다까

A : 足を折って、 一人で動けないんです。 병원으로 데려다 주세요.
　　아시오 옷떼, 히또리데 우고께나인데스. 뵤―잉에 쓰레떼 잇떼 구다사이

B : わかりました。 ここにいてください。 タクシーを呼びますから。
　　와까리마시다. 고꼬니 이떼 구다사이. 타꾸시―오 요비마스까라

A : 저, 미안한데요.
B : 안색이 안 좋은데 어디 아프세요?
A : 다리를 다쳐 혼자서 걸을 수 없습니다. 病院へ連れていってください。
B : 알겠습니다, 여기에 있으세요. 택시를 부를 테니까요.

STEP 4 직접 쓰고 읽어보세요.

의사에게 가 보는 게 좋겠어요.

➡

병문안할 때

STEP 1 날마다 쓰는 베스트 기본문장 따라 읽기 입에 착착!

559. **어떻게 된 겁니까?**

どうしたんですか。

도-시딴데스까

---

560. **몸은 어떠십니까?**

ご気分はいかがですか。
　き　ぶん

고키붕와 이까가데스까

---

561. **그저 그렇습니다.**

まあ、そんなもんです。

마-, 손나몬데스

---

562. **꽤 좋아졌습니다.**

だいぶよくなりました。

다이부 요꾸 나리마시다

---

563. **이제 완전히 나았습니다.**

もうすっかり治りました。
　　　　　　なお

모- 슥까리 나오리마시다

---

564. **부디 몸조리 잘 하세요.**

どうぞ、お大事に。
　　　　　だい じ

도-조, 오다이지니

STEP 2 이것만은 꼭 알아두세요.

병문안(おみまい/오미마이)을 가서 병세가 어떤지 물어볼 때는 ぐあいはいかがですか(구아이와 이까가데스까)라고 하며, 어떻게 됐는지를 물을 때는 どうしたんですか(도-시딴데스까)라고 한다. 병문안을 마칠 때 보통「몸조리 잘하세요」라고 하는데, 일본어로는 お大事に(오다이지니)!라고 합니다.

STEP 3 실전대화를 해보세요.

A : 具合はいかがですか。
구아이와 이까가데스까

B : ずいぶんよくなりました。
즈이붕 요꾸 나리마시다

A : **몸조리 잘 하세요.**
오다이지니

B : お心づかいありがとうございます。
오코꼬로즈까이 아리가또- 고자이마스

A : 몸은 어떠세요.
B : 많이 좋아졌습니다.
A : お大事に。
B : 마음 써 주셔서 고맙습니다.

STEP 4 직접 쓰고 읽어보세요.

이제 완전히 나았습니다.

➡

MEMO